RHEOLAU'R FFORDD FAWR

SWYDDOGOL

Cyhoeddwyd gyntaf 1931
Wythfed rhifyn 2015

ISBN 978 011 553341 9

Mae'r Asiantaeth Safonau Gyrwyr a Cherbydau yn asiantaeth weithredol o'r Adran Drafnidiaeth. Mae'r Adran Drafnidiaeth a'r Asiantaeth Safonau Gyrwyr a Cherbydau yn cydnabod a gwerthfawrogi eu cwsmeriaid. Byddwn yn trin pob un o'n cwsmeriaid â pharch ac yn cyflawni ein gwasanaeth mewn modd gwrthrychol, cwrtais a theg.

Diolchiadau

Hoffai'r cyhoeddwyr ddiolch i Beaulieu National Motor Museum am ganiatáu ffotograffiaeth i gwblhau'r ddelwedd o gar o'r 1930au ar y clawr blaen.

100% ailgylchu
Argraffwyd y llyfr hwn ar bapur gyda 100% ohono wedi'i ailgylchu

Rhagair

Gyda chryn falchder gallwn gyhoeddi fod y prawf gyrru yn cyrraedd ei 80fed pen-blwydd yn 2015, ac mae'r rhifyn coffaol hwn o *Reolau'r Ffordd Fawr* yn ddathliad o'r garreg filltir honno yn niogelwch ffyrdd Prydain.

Ar 1 Mehefin 1935, daeth yn gyfraith y dylai pob modurwr basio'r prawf cyn cael gyrru ar ffyrdd cyhoeddus. Cyn y prawf, er mai dim ond 2.7 miliwn o yrwyr oedd yn y wlad, roedd dros 7,000 o bobl y flwyddyn yn cael eu lladd ar ffyrdd Prydain. Erbyn hyn mae yna dros 27 miliwn o yrwyr, ond mae'r nifer o farwolaethau blynyddol wedi gostwng i chwarter ffigwr 1935 ac mae ffyrdd Prydain Fawr ymysg y mwyaf diogel yn y byd.

Mae'r prawf wedi gweld nifer o newidiadau ar hyd y blynyddoedd, yn cynnwys cyflwyno prawf theori yn 1996, y prawf dehongliad o berygl yn 2002 a gyrru annibynnol yn 2012, ond un elfen gyson fu'r *Rheolau'r Ffordd Fawr*. Fe'i cyhoeddwyd gyntaf yn 1931 ac mae pob cenhedlaeth o yrrwr ers hynny wedi troi at y llyfr bach hwn i wella ei wybodaeth a dealltwriaeth o yrru a diogelwch ffordd.

Mae *Rheolau'r Ffordd Fawr* yn addas i bob defnyddiwr ffordd heddiw – p'un a yw'n yrrwr, reidiwr, beiciwr modur, seiclwr, marchog neu gerddwr. Mae ar gael ar unrhyw ffurf y gallech ddychmygu, ac yn cael ei ddiweddaru'n rheolaidd adlewyrchu'r newidiadau mewn technoleg, dealltwriaeth a'r gyfraith. Gobeithiwn y byddwch yn parhau i'w ddarllen – nid yn unig fel gyrrwr sy'n dysgu, ond fel defnyddiwr ffordd gydol oes cyfrifol – er mwyn i ni allu cadw ffyrdd Prydain ymysg y mwyaf diogel yn y byd.

Alastair Peoples
Prif Swyddog Gweithredol
Asiantaeth Safonau Gyrwyr a Cherbydau

Cynnwys

Cyflwyniad

Mae Rheolau'r Ffordd Fawr yn berthnasol i Gymru, Lloegr a'r Alban. Dylai pawb ddarllen *Rheolau'r Ffordd Fawr*. Cyfieithiad Cymraeg o'r fersiwn swyddogol o'r Highway Code yw'r ddogfen hon.

Y rhai sydd mewn mwyaf o berygl ar y ffordd yw cerddwyr, yn enwedig plant, pobl hŷn neu bobl anabl, seiclwyr, beicwyr modur a phobl ar gefn ceffylau. Mae'n bwysig bod pawb sy'n defnyddio'r ffordd yn ymwybodol o'r Rheolau a'u bod yn ystyriol o'i gilydd. Mae hyn yr un mor wir i gerddwyr ag ydyw i yrwyr a beicwyr.

Mae llawer o'r rheolau yn ofynion cyfreithiol, ac os byddwch yn anufuddhau i'r rheolau hyn rydych yn cyflawni trosedd. Gallwch gael dirwy, cael pwyntiau ar eich trwydded neu gael eich gwahardd rhag gyrru. Yn yr achosion mwyaf difrifol, gallwch gael eich anfon i'r carchar. Gallwch adnabod rheolau o'r math hwn gan fod y geiriau **RHAID/ RHAID I CHI BEIDIO** â yn cael eu defnyddio. Mae'r rheol hefyd yn cynnwys cyfeiriad talfyredig at y ddeddfwriaeth sy'n creu'r drosedd. Mae esboniad o'r talfyriadau i'w weld ar dudalen 124.

Er na fydd methu â chydymffurfio â'r rheolau eraill o fewn *Rheolau'r Ffordd Fawr* ynddo'i hun yn achosi i berson gael ei erlyn, mae modd i *Reolau'r Ffordd Fawr* gael eu defnyddio mewn tystiolaeth fel rhan o achos llys o dan y Deddfau Traffig (gweler tudalen 124) i sefydlu atebolrwydd. Mae hyn yn cynnwys rheolau sy'n cynnwys geiriau o gyngor, megis 'dylech/ni ddylech'.

Gall gwybod *Rheolau'r Ffordd Fawr* a'u rhoi ar waith leihau nifer y bobl sy'n cael eu hanafu mewn damweiniau ar y ffordd yn sylweddol. Mae lleihau nifer y marwolaethau a'r anafiadau sy'n digwydd ar ein ffyrdd bob dydd yn gyfrifoldeb ar bob un ohonom. Gall *Rheolau'r Ffordd Fawr* ein helpu i ysgwyddo'r cyfrifoldeb hwnnw. Ceir rhagor o wybodaeth ar dechnegau gyrru/reidio yn *The Official DVSA Guide to Driving – the essential skills* a *The Official DVSA Guide to Riding – the essential skills*.

Rheolau i gerddwyr

Canllawiau cyffredinol

1 **Dylech ddefnyddio palmentydd** (yn cynnwys unrhyw lwybr ar hyd ochr ffordd) os ydynt ar gael. Lle bo'n bosibl, dylech osgoi bod ar ymyl y palmant gyda'ch cefn at y traffig. Os oes rhaid i chi gamu i'r ffordd, edrychwch i'r ddau gyfeiriad yn gyntaf. Cymerwch ofal priodol bob amser a byddwch yn ystyriol o eraill.

2 **Os nad oes palmant,** dylech gadw ar ochr dde'r ffordd fel eich bod yn gweld y traffig sy'n dod tuag atoch. Dylech gymryd gofal arbennig a

- bod yn barod i gerdded un ar ôl y llall mewn rhes, yn enwedig ar ffyrdd cul neu mewn golau gwael

- cadw'n agos at ochr y ffordd.

Gall fod yn fwy diogel croesi'r ffordd mewn da bryd cyn cyrraedd tro cas i'r dde fel bod gan y traffig sy'n dod tuag atoch well cyfle i'ch gweld. Dylech groesi'n ôl ar ôl y tro.

3 **Helpwch ddefnyddwyr eraill y ffordd i'ch gweld.** Dylech wisgo neu gario rhywbeth golau, llachar neu fflwroleuol ei liw os bydd y golau'n wael yn ystod y dydd. Ar ôll iddi dywyllu, dylech ddefnyddio defnyddiau sy'n adlewyrchu'r golau (e.e. bandiau braich, sashiau, gwasgodau, siacedi, esgidiau), y mae gyrwyr sy'n defnyddio'u prif oleuadau yn gallu eu gweld hyd at deirgwaith ymhellach i ffwrdd na deunyddiau nad ydynt yn adlewyrchu'r golau.

Rheol 3
Gwnewch hi'n haws i bobl eich gweld

4 **Ni ddylai plant ifanc** fod allan ar eu pen eu hunain ar y palmant na'r ffordd (gweler Rheol 7). Wrth fynd â phlant allan, dylech gadw rhyngddynt a'r traffig gan afael yn dynn yn eu dwylo. Dylech strapio plant ifanc iawn yn y goets neu ddefnyddio awenau. Wrth wthio plentyn ifanc mewn bygi, peidiwch â gwthio'r bygi o'ch blaen i'r ffordd wrth edrych i weld a yw hi'n glir i groesi, yn enwedig os ydych yn croesi rhwng cerbydau sydd wedi parcio.

5 **Teithiau cerdded wedi'u trefnu.** Dylai grwpiau mawr o bobl sy'n cerdded gyda'i gilydd ddefnyddio palmant os oes un ar gael; os nad oes un ar gael, dylent gadw i'r chwith. Dylent osod gwylwyr ar flaen y grŵp ac ar y cefn, a dylent wisgo dillad fflwroleuol yn ystod y dydd a dillad sy'n adlewyrchu'r golau yn y tywyllwch. Yn ystod y nos, dylai'r gwyliwr ar y blaen ddangos golau gwyn a'r un ar y cefn olau coch. Dylai pobl ar y tu allan i grwpiau mawr hefyd gario goleuadau a gwisgo dillad sy'n adlewyrchu'r golau.

6 **Traffyrdd. RHAID** i gerddwyr **BEIDIO** â bod ar draffyrdd nac ar eu slipffyrdd, ac eithrio mewn argyfwng (gweler Rheolau 271 a 275).

Cyfreithiau RTRA adran 17, MT(E&W)R 1982 fel y'i diwygiwyd, rheoliad 15(1)(b) a MT(S)R rheoliad 13

Croesi'r ffordd

7 **Rheolau'r Groes Werdd.** Mae'r cyngor isod ynglŷn â chroesi'r ffordd yn gyngor i bob cerddwr. Dylai plant ddysgu'r rheolau, ac ni ddylent gael mynd allan ar eu pen eu hunain nes eu bod yn gallu deall y rheolau a'u defnyddio'n iawn. Mae ar ba oedran y gallant wneud hyn yn wahanol i bob plentyn. Nid yw llawer o blant yn gallu amgyffred cyflymder cerbydau na'u pellter oddi wrthynt. Mae plant yn dysgu drwy esiampl, felly dylai rhieni a gofalwyr bob amser ddefnyddio'r Rheolau'n llawn pan fyddant allan gyda'u plant. Nhw sy'n gyfrifol am benderfynu ar ba oedran y gall eu plant eu defnyddio'n ddiogel ar eu pen eu hunain.

A. Yn gyntaf, chwiliwch am le diogel i groesi gyda bwlch i gyrraedd y palmant ar yr ochr draw. Os oes man croesi gerllaw, defnyddiwch hwnnw. Mae'n fwy diogel croesi gan ddefnyddio ffordd danddaearol, pont droed, ynys, croesfan sebra, pelican, twcan neu pâl, neu lle mae man croesi sy'n cael ei reoli gan aelod o'r heddlu, rheolwr croesfan ysgol neu warden traffig. Fel arall, dylech ddewis man croesi lle gallwch weld yn glir i bob cyfeiriad. Ceisiwch osgoi croesi rhwng ceir sydd wedi'u parcio (gweler Rheol 14), ar gornel ddall neu'n agos at ael bryn. Ewch i rywle lle gall gyrwyr a beicwyr eich gweld yn glir. Peidiwch â chroesi'r ffordd yn lletraws.

Rheol 7 edrychwch o'ch cwmpas a gwrandewch am draffig cyn croesi

B. Stopiwch ychydig cyn cyrraedd ymyl y palmant, lle gallwch weld a oes rhywbeth yn dod. Peidiwch â mynd yn rhy agos at y traffig. Os nad oes yna balmant, cadwch oddi wrth ymyl y ffordd, ond gwnewch yn *siŵr* eich bod yn dal i allu gweld y traffig sy'n dod tuag atoch.

C. Edrychwch o'ch cwmpas am draffig a gwrandewch. Gallai traffig ddod o unrhyw gyfeiriad. Dylech wrando hefyd, oherwydd weithiau gallwch glywed traffig cyn i chi ei weld.

D. Os oes traffig yn dod, gadewch iddo fynd heibio. Edrychwch o'ch cwmpas eto a gwrandewch. Peidiwch â chroesi nes bydd bwlch diogel yn y traffig a'ch bod yn sicr fod digon o amser. Cofiwch, hyd yn oed os yw'r traffig ymhell i ffwrdd, gall fod yn dynesu'n gyflym iawn.

E. Pan fydd yn ddiogel, cerddwch yn syth ar draws y ffordd - peidiwch â rhedeg. Daliwch ati i edrych a gwrando am draffig wrth groesi rhag ofn fod traffig nad ydych wedi ei weld, neu rhag ofn i draffig arall ymddangos yn sydyn. Cadwch eich llygaid yn agored am seiclwyr a beicwyr modur sy'n symud rhwng lonydd o draffig. Peidiwch â cherdded yn lletraws wrth groesi'r ffordd.

8 **Croesi wrth gyffordd.** Wrth groesi'r ffordd, gwyliwch am draffig sy'n troi i'r ffordd, yn enwedig o'r tu ôl i chi. Os ydych wedi dechrau croesi a bod traffig am droi i mewn i'r ffordd, chi sydd â'r flaenoriaeth a dylent ildio i chi (gweler Rheol 170).

9 **Rheiliau Diogelwch Cerddwyr.** Lle ceir rheiliau, dim ond yn y bylchau ar gyfer cerddwyr y dylech groesi'r ffordd. Peidiwch â dringo dros y rheiliau na cherdded rhyngddynt a'r ffordd.

10 **Palmant stydiau.** Mae arwynebau chwyddedig y gellir eu teimlo dan eich traed yn rhybuddio pobl ddall neu bobl rhannol ddall ac yn darparu arweiniad iddynt. Yr arwynebau mwyaf cyffredin yw cyfres o stydiau, a ddefnyddir ger mannau croesi cydag ymyl palmant isel, neu gyfres o fariau hirgrwn a ddefnyddir ger croesfannau rheilffordd, ar frig ac ar waelod grisiau ac o flaen rhai peryglon eraill.

11 **Strydoedd Unffordd.** Edrychwch i ba gyfeiriad mae'r traffig yn symud. Peidiwch â chroesi nes ei bod yn ddiogel i wneud hynny heb stopio. Gall lonydd bysiau a beiciau lifo'n groes i gyfeiriad gweddill y traffig.

12 **Lonydd bysiau a beiciau.** Byddwch yn ofalus wrth groesi'r lonydd hyn oherwydd gallai'r traffig fod yn symud yn gyflymach nag ar y lonydd eraill, neu yn groes i lif y traffig.

13 **Llwybrau sy'n cael eu rhannu gyda seiclwyr.** Mae rhai llwybrau beiciau yn rhedeg ochr yn ochr â llwybrau cerdded neu balmentydd, a defnyddir nodwedd arbennig i wahanu seiclwyr a cherddwyr. Gall y llwybrau ar wahân hyn gynnwys darnau byr o balmant chwyddedig i helpu pobl â nam ar eu golwg i aros ar yr ochr gywir o'r llwybr. Ar yr ochr i gerddwyr, bydd cyfres o fariau fflat ar yr arwyneb yn rhedeg ar draws cyfeiriad y llwybr (patrwm o linellau llorweddol). Ar yr ochr i seiclwyr, mae'r un fath o fariau ar yr arwyneb ond maent yn gorwedd gyda chyfeiriad y llwybr (patrwm o linellau fertigol). Nid yw pob llwybr sy'n cael eu rhannu â seiclwyr wedi'u gwahanu. Cymerwch ofal arbennig pan nad ydynt (gweler Rheol 62).

14 **Cerbydau wedi'u parcio.** Os oes rhaid i chi groesi rhwng cerbydau wedi'u parcio, defnyddiwch ymylon allanol y cerbydau fel pe baent yn ymyl y palmant. Stopiwch yno a gwnewch yn siŵr eich bod yn gallu gweld o'ch cwmpas i gyd a bod y traffig yn gallu'ch gweld chi. Gwnewch yn siŵr fod yna fwlch rhwng unrhyw gerbydau sydd wedi parcio ar yr ochr draw fel y gallwch gyrraedd y palmant. Peidiwch byth â chroesi'r ffordd o flaen neu y tu ôl i gerbyd sydd â'i injan yn rhedeg, yn enwedig cerbyd mawr, oherwydd ni fydd y gyrrwr yn gallu eich gweld efallai.

15 **Cerbydau'n bacio.** Peidiwch byth â chroesi y tu ôl i gerbyd sy'n bacio, yn dangos goleuadau bacio neu'n seinio rhybudd.

16 **Cerbydau sy'n symud. RHAID I CHI BEIDIO** â mynd ar gerbyd sy'n symud na dal gafael arno.
Cyfraith RTA 1988 adran 26

17 **Yn y nos.** Gwisgwch rywbeth sy'n adlewyrchu'r golau i'w gwneud yn haws i eraill eich gweld (gweler Rheol 3). Os nad oes croesfan i gerddwyr ar gael gerllaw, dylech groesi'r ffordd ger golau stryd fel bod y traffig yn gallu eich gweld chi'n haws.

Croesfannau
18 **Wrth bob croesfan.** Wrth ddefnyddio unrhyw fath o groesfan, dylech

- bob amser wneud yn *siŵr* fod y traffig wedi stopio cyn i chi ddechrau croesi neu wthio coets babi i'r groesfan
- bob amser groesi rhwng y stydiau neu dros y marciau sebra. Peidiwch â chroesi wrth ochr y groesfan neu ar y llinellau igam-ogam - gall hynny fod yn beryglus.

RHAID I CHI BEIDIO â sefyllian ar unrhyw fath o fan croesi.
Cyfreithiau ZPPPCRGD rheoliad 19 a RTRA adran 25(5)

19 **Croesfannau sebra.** Rhowch ddigon o amser i'r traffig eich gweld a stopio cyn i chi ddechrau croesi. Bydd angen mwy o amser ar gerbydau pan fydd y ffordd yn llithrig. Arhoswch nes bydd y traffig wedi stopio o'r ddau gyfeiriad neu nes bydd y ffordd yn glir cyn croesi. Cofiwch nad oes rhaid i'r traffig stopio nes bod rhywun wedi camu ar y groesfan. Daliwch ati i edrych i'r ddau gyfeiriad, a gwrandewch rhag ofn bod gyrrwr neu feiciwr heb eich gweld ac yn ceisio pasio cerbyd arall sydd wedi stopio.

Rheol 19
Mae goleuadau'n fflachio ar groesfannau sebra

20 Lle ceir ynys yng nghanol croesfan sebra, arhoswch ar yr ynys a dilynwch Reol 19 cyn croesi ail hanner y ffordd - mae'n groesfan ar wahân.

Rheol 20
Mae croesfannau sebra gydag ynys yn y canol yn ddau fan croesi ar wahân

21 **Ger goleuadau traffig.** Efallai y bydd arwyddion arbennig ar gyfer cerddwyr. Dim ond ar ôl i'r ffigwr gwyrdd ymddangos y dylech ddechrau croesi'r ffordd. Os ydych wedi dechrau croesi'r ffordd a bod y ffigwr gwyrdd yn diffodd, dylai fod digon o amser gennych i gyrraedd yr ochr draw, ond peidiwch ag oedi. Os nad oes arwyddion ar gyfer cerddwyr, gwyliwch yn ofalus a pheidiwch â chroesi nes bydd y goleuadau traffig yn goch a'r traffig wedi stopio. Daliwch ati i edrych a gwyliwch am draffig a allai fod yn troi'r gornel. Cofiwch fod goleuadau traffig yn gallu caniatáu i draffig symud ar rai lonydd tra bydd traffig ar lonydd eraill wedi stopio.

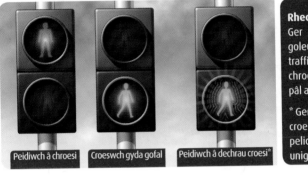

Rheol 21
Ger goleuadau traffig a chroesfannau pâl a phelican

* Ger croesfannau pelican yn unig

Peidiwch â chroesi | Croeswch gyda gofal | Peidiwch â dechrau croesi*

22 **Croesfannau Pelican.** Dyma'r croesfannau a reolir gan arwyddion sy'n cael eu gweithio gan gerddwyr. Gwasgwch y botwm rheoli i weithio'r arwyddion traffig. Pan fydd y ffigwr coch i'w weld, peidiwch â chroesi. Pan fydd ffigwr gwyrdd llonydd yn ymddangos, gwnewch yn *siŵr* fod y traffig wedi stopio, yna, croeswch gyda gofal. Pan fydd y ffigwr gwyrdd yn dechrau fflachio ni ddylech ddechrau croesi. Os ydych wedi dechrau croesi'n barod, dylai fod gennych amser i orffen croesi'n ddiogel.

23 **Mae croesfannau pâl** yn wahanol i groesfannau pelican oherwydd bod y ffigyrau coch a gwyrdd uwchlaw'r blwch rheoli ar eich ochr chi o'r ffordd ac nid oes cyfnod lle mae'r ffigwr gwyrdd yn fflachio. Gwasgwch y botwm ac arhoswch nes bydd y ffigwr gwyrdd yn ymddangos.

24 Pan fydd tagfa draffig, efallai y bydd y traffig ar eich ochr chi o'r ffordd wedi'i orfodi i stopio er bod y goleuadau'n wyrdd. Gallai'r traffig fod yn dal i symud yr ochr arall i'r ffordd, felly gwasgwch y botwm ac arhoswch i'r arwydd newid.

25 **Mae croesfannau twcan** yn groesfannau a reolir gan oleuadau sy'n gadael i seiclwyr a cherddwyr rannu'r un llwybr a chroesi yr un pryd. Cânt eu gweithio drwy wasgu botwm. Bydd cerddwyr a seiclwyr yn gweld yr arwydd gwyrdd gyda'i gilydd. Caniateir i bobl ar gefn beic seiclo ar draws.

Rheol 25
Gall seiclwyr a cherddwyr, ill dau, ddefnyddio croesfannau twcan

26 Wrth rai croesfannau, ceir *swn* bipian neu signal llais i ddweud wrth bobl ddall neu rannol ddall pryd mae'r ffigwr gwyrdd llonydd yn ymddangos, a gall fod arwydd cyffyrddadwy i helpu pobl sy'n fyddar ac yn ddall.

27 **Mae croesfannau ceffylau** ar gyfer pobl ar gefn ceffylau. Ar y croesfannau hyn mae bariau wedi'u gosod ar y palmant, mae'r mannau croesi'n fwy llydan, ceir ffigwr o geffyl a marchog yn y paneli golau ac mae naill ai dwy set o flychau rheoli (gydag un yn uchel) neu ddim ond un blwch rheoli uchel.

Rheol 27
Defnyddir croesfannau ceffylau gan bobl ar gefn ceffylau. Yn aml, ceir croesfan paralel.

28 **Croesfannau pelican a phâl croesgam.** Pan nad yw'r croesfannau bob ochr i'r ynys ganolog mewn llinell â'i gilydd, maent yn ddwy groesfan ar wahân. Ar ôl cyrraedd yr ynys yn y canol, gwasgwch y botwm eto a disgwyliwch am y ffigwr gwyrdd llonydd.

Rheol 28 Mae croesfannau croesgam (gydag ynys yn y canol) yn ddau fan croesi ar wahân

29 **Croesfannau sy'n cael eu rheoli gan berson mewn awdurdod.** Peidiwch â chroesi'r ffordd nes bod swyddog yr heddlu, warden traffig neu reolwr croesfan ysgol yn arwyddo arnoch i wneud hynny. Dylech groesi o'u blaenau bob amser.

30 Lle nad oes mannau croesi sy'n cael eu rheoli ar gael, fe'ch cynghorir i groesi'r ffordd lle mae ynys yng nghanol y ffordd. Defnyddiwch Reolau'r Groes Werdd (gweler Rheol 7) i groesi i'r ynys yna stopiwch a defnyddiwch nhw eto i groesi ail ran y ffordd.

Sefyllfaoedd lle mae angen gofal arbennig

31 **Cerbydau argyfwng.** Os oes ambiwlans, injan dân, cerbyd heddlu neu unrhyw gerbyd argyfwng arall yn agosáu gan ddefnyddio goleuadau glas sy'n fflachio, prif oleuadau a/neu seiren, cadwch oddi ar y ffordd.

32 **Bysiau.** Dim ond pan fydd bws wedi stopio'n bwrpasol i adael i chi fynd arno neu oddi arno y dylech wneud hynny. Gwyliwch am seiclwyr wrth fynd oddi ar y bws. Peidiwch byth â chroesi yn union y tu ôl i fws nac o'i flaen. Arhoswch nes bydd wedi symud i ffwrdd a'ch bod yn gallu gweld yn glir i'r ddau gyfeiriad.

33 **Tramffyrdd.** Gall y rhain redeg drwy ardaloedd i gerddwyr. Bydd eu llwybr yn cael ei farcio gan ymylon palmant bas, newidiadau yn wyneb y palmant neu'r ffordd, llinellau gwynion neu ddotiau melyn. Croeswch wrth y croesfannau penodedig lle maent ar gael. Ym mhob man arall, dylech drin tramiau yn union yr un peth â cherbydau eraill ar y ffordd gan edrych i'r ddau gyfeiriad ar hyd y trac cyn croesi. Peidiwch â cherdded ar hyd y trac otherwydd gall tramiau ddod o'r tu ôl i chi. Mae tramiau'n symud yn dawel ac ni allant lywio i'ch osgoi.

34 **Croesfannau rheilffordd. RHAID I CHI BEIDIO** â chroesi neu basio'r llinell stopio pan fydd y goleuadau yn goch, (yn cynnwys ffigwr cerddwr coch). Hefyd, peidiwch â chroesi os yw'r larwm yn canu neu os yw'r rhwystrau'n cael eu gollwng. Gall tôn y larwm newid os oes trên arall yn agosáu. Os nad oes goleuadau, larymau na rhwystrau, edrychwch i'r ddau gyfeiriad a gwrandewch cyn croesi. Wrth ddynesu at groesfan rheilffordd ar lwybr troed, gall fod bariau hirgrwn chwyddedig ar yr arwyneb sy'n rhedeg ar draws y cyfeiriad cerdded i rybuddio pobl gyda nam ar eu golwg. Dylai'r arwyneb chwyddedig ymestyn yr holl ffordd ar draws y llwybr troed a dylai'r bariau fod wedi'u gosod ar bellter priodol cyn y rhwystr neu amcan-lwybr y rhwystr.

Cyfraith TSRGD, rheoliad 52

35 **Gwaith atgyweirio strydoedd a phalmentydd.** Gall palmant fod ar gau dros dro am nad yw'n ddiogel i'w ddefnyddio. Cymerwch ofal arbennig os byddwch yn cael eich cyfeirio i gerdded yn y ffordd neu i groesi'r ffordd.

Sut ddylai pobl ar gefn ceffylau ymdrin â chylchfan?

Trowch i reol 187 (tudalen 65)

Rheolau ar gyfer y sawl sy'n defnyddio cadeiriau olwyn a sgwteri symudedd â phŵer

(Cerbydau i Bobl Anabl yn ôl diffiniad y gyfraith)

36 Ceir un dosbarth o gadeiriau olwyn gwthio (a elwir yn gerbyd i bobl anabl Dosbarth 1) a dau ddosbarth o gadeiriau olwyn a sgwteri symudedd â phŵer. Mae gan gadeiriau olwyn gwthio a cherbydau Dosbarth 2 gyfyngiad cyflymder uchaf o 4 mya (6km/awr) ac fe'u dyluniwyd ar gyfer eu defnyddio ar balmentydd. Mae gan gerbydau Dosbarth 3 gyfyngiad cyflymder uchaf o 8 mya (12 km/awr) ac fe allant gael eu defnyddio ar y ffordd yn ogystal ag ar y palmant.

37 Pan fyddwch chi ar y ffordd, dylech ufuddhau i'r canllawiau a'r rheolau ar gyfer cerbydau eraill; pan fyddwch chi ar y palmant, dylech ddilyn y canllawiau a'r rheolau ar gyfer cerddwyr.

Ar y palmant

38 Mae palmentydd yn fwy diogel na'r ffyrdd a dylech eu defnyddio pan fo hynny'n bosib. Dylech roi blaenoriaeth i gerddwyr a rhoi ystyriaeth i ddefnyddwyr eraill y palmant, yn enwedig y rheiny gyda nam ar eu clyw neu eu golwg nad ydynt o bosib yn ymwybodol eich bod chi yno.

39 **RHAID I** gadeiriau olwyn a sgwteri â phŵer **BEIDIO** â theithio'n gynt na 4 mya (6 km/awr) ar balmentydd neu mewn ardaloedd i gerddwyr. Efallai y bydd angen i chi leihau eich cyflymder i addasu i ddefnyddwyr eraill y palmant na fyddant o bosib yn gallu symud o'ch ffordd yn ddigon sydyn neu os yw'r palmant yn rhy gul.

Cyfraith UICHR 1988 rheoliad 4

40 Dylech fod yn hynod o ofalus wrth fynd oddi ar y palmant i'r ffordd. Cyn dechrau gwneud hynny, dylech edrych o'ch cwmpas i sicrhau ei bod hi'n ddiogel i chi ymuno â llif y traffig. Ceisiwch ddefnyddio ymyl palmant isel bob tro wrth symud oddi ar y palmant, hyd yn oed os yw hynny'n golygu teithio fymryn ymhellach i ddod o hyd i un. Os oes rhaid i chi ddringo neu ddisgyn oddi ar ymyl y palmant, dyneswch ato ar ongl sgwâr a pheidiwch â cheisio llywio dros ymyl sy'n uwch na'r hyn a nodir yn argymhellion gwneuthurwr y cerbyd.

Ar y ffordd

41 Dylech fod yn ofalus wrth deithio ar y ffordd oherwydd mae'n bosib y byddwch yn teithio'n arafach na'r traffig arall (cyfyngir eich cerbyd i 8 mya (12 km/awr) ac rydych yn fwy anodd i'ch gweld).

42 Dylai cerbydau Dosbarth 3 deithio i'r un cyfeiriad â'r traffig ar y ffordd. Dylai defnyddwyr cerbydau Dosbarth 2 bob amser ddefnyddio'r palmant pan fo hynny'n bosib. Os nad oes palmant, dylech deithio ar y ffordd yn ofalus. Dylai defnyddwyr cerbydau Dosbarth 2, lle bo hynny'n bosib, deithio i'r un cyfeiriad â'r traffig. Os ydych chi'n teithio yn y nos, **RHAID** defnyddio golau a dylech deithio i'r un cyfeiriad â'r traffig fel nad ydych yn drysu defnyddwyr eraill y ffordd.

Cyfraith UICHR 1988 rheoliad 9

43 **RHAID** i chi ddilyn yr un rheolau â defnyddwyr eraill y ffordd o ran defnyddio golau, goleuadau cyfeirio a'r corn, os yw'r rhain wedi'u gosod ar eich cerbyd. **RHAID** defnyddio golau yn y nos. Dylech fod yn ymwybodol efallai nad yw defnyddwyr eraill y ffordd yn gallu eich gweld felly dylech wneud eich hun yn fwy amlwg - hyd yn oed yn y dydd a min nos - er enghraifft, drwy wisgo siaced adlewyrchol neu roi stripiau adlewyrchol ar gefn y cerbyd.

Cyfraith UICHR 1988 rheoliad 9

Beth ddylech chi ei wneud os yw'r goleuadau traffig wedi torri?

Trowch i reol 176 (tudalen 61)

44 Cymerwch ofal arbennig wrth gyffyrdd. Os ydych yn mynd yn syth yn eich blaen, gwnewch yn *siŵr* nad oes cerbydau ar fin croesi'ch llwybr o'r chwith neu o'r dde, neu ar fin eich pasio a throi i'r chwith. Mae sawl dewis os ydych am droi i'r dde, yn enwedig os ydych yn troi oddi ar ffordd fawr.

Os yw symud i ganol y ffordd yn anodd neu'n beryglus, gallwch

- stopio ar ochr chwith y ffordd a disgwyl am fwlch diogel yn y traffig
- cymryd y tro fel cerddwr, h.y. teithio ar hyd y palmant a chroesi'r ffordd o un palmant i'r llall pan fo'n ddiogel gwneud hynny. Dylai defnyddwyr cerbydau Dosbarth 3 newid i'r cyfyngiad cyflymder isaf wrth deithio ar balmentydd.

Os yw'r gyffordd yn rhy beryglus, efallai y dylech ystyried cymryd llwybr arall.Yn yr un modd, wrth deithio o gwmpas cylchfan fawr (h.y. gyda dwy lôn neu fwy), efallai y byddai'n fwy diogel i chi ddefnyddio'r palmant neu ganfod llwybr sy'n osgoi'r gylchfan yn gyfan gwbl.

45 Dylech gymryd sylw o'r holl gyfyngiadau parcio arferol. Ni ddylech adael eich cerbyd heb neb yn gofalu amdano os yw'n achosi rhwystr i bobl eraill - yn enwedig pobl mewn cadair olwyn. Bydd consesiynau parcio a ddarperir dan y cynllun Bathodyn Glas (gweler tudalen 136) yn berthnasol i gerbydau gyda bathodyn glas dilys wedi'i arddangos amynt.

46 **RHAID I CHI BEIDIO** â defnyddio'r cerbydau hyn ar draffyrdd (gweler Rheol 253). Ni ddylech eu defnyddio ar ffyrdd deuol diamod lle mae'r cyfyngiad cyflymder yn uwch na 50 mya (80km/awr) ond os ydych yn gyrru cerbyd o'r fath ar ffordd ddeuol, **RHAID** gosod golau ambr i fflachio ar y cerbyd. Dylid defnyddio golau ambr yn fflachio ar bob math arall o ffordd ddeuol (gweler Rheol 220).

Cyfreithiau RTRA adrannau 17(2) a (3), a RVLR rheoliadau 17(1) a 26

Rheolau ynglŷn ag anifeiliaid

Cerbydau sy'n Cael eu Tynnu gan Geffylau

47 Dylid gweithredu a chynnal a chadw cerbydau sy'n cael eu tynnu gan geffylau a ddefnyddir ar y ffordd fawr yn unol â'r safonau a nodwyd yng Nghod Ymarfer yr Adran Drafnidiaeth ar gyfer Cerbydau sy'n Cael eu Tynnu gan Geffylau. Mae'r Cod hwn yn gosod y gofynion ar gyfer asesu gyrru ar y ffordd ac mae'n cynnwys rhestr gynhwysfawr o brofion diogelwch i sicrhau bod y goets a'r gosodiadau yn ddiogel ac mewn cyflwr da. Os yw gweithredwr am gael trwydded gan Awdurdod Lleol i ddarparu gwasanaeth cludo teithwyr, efallai y bydd yr Awdurdod Lleol yn mynnu bod y safonau a nodir yn yr Asesiad Gyrru ar y Ffordd yn cael eu bodloni (gweler tudalen 136).

48 **Offer a dillad diogelwch.** Dylai pob cerbyd sy'n cael ei dynnu gan geffyl gael dau adlewyrchydd-ôl coch. Mae'n fwy diogel peidio â gyrru yn y nos, ond os ydych, yna **RHAID** gosod golau gwyn ar y tu blaen a golau coch ar y tu ôl.
Cyfraith RVLR 1989 rheoliad 4

Pobl ar gefn ceffylau

49 **Offer diogelwch. RHAID** i blant dan 14 oed wisgo helmed sy'n cydymffurfio â'r Rheoliadau. **RHAID** iddi gael ei chau'n dynn. Dylai marchogion eraill ddilyn y gofynion hyn hefyd. Nid yw'r gofynion hyn yn berthnasol i blentyn sy'n ddilynwr crefydd Sikh os yw'n gwisgo tyrban.
Cyfreithiau Deddf H(PHYR) 1990, adran 1 a Rheoliadau H(PHYR) 1992, rheoliad 3

50 **Dillad eraill.** Dylech wisgo
- esgidiau mawr neu esgidiau sydd â sodlau a gwadnau caled
- dillad lliw golau neu fflworoleuol yn ystod y dydd
- dillad sy'n adlewyrchu golau os oes rhaid i chi farchogaeth yn y nos neu os bydd y gwelededd yn wael.

51 **Yn y nos.** Mae'n fwy diogel peidio â marchogaeth ar y ffordd yn y nos neu os bydd y gwelededd yn wael, ond os ydych yn gwneud hynny, gwnewch yn *siŵr* eich bod chi'n gwisgo dillad adlewyrchol a bod eich ceffyl yn gwisgo bandiau adlewyrchol uwchlaw cymalau'r egwydydd. Dylech osod golau gwyn ar y tu blaen a golau coch ar y tu ôl yn ogystal â rhwymyn ar fraich dde'r marchog a/neu ar ei goes/esgid dde. Os ydych chi'n arwain ceffyl yn y nos, dylech gario golau yn eich llaw dde, gan daflu golau gwyn o'ch blaen a golau coch y tu ôl, gwisgo dillad adlewyrchol eich hun a rhoi dillad adlewyrchol ar y ceffyl. Argymhellir yn gryf hefyd eich bod yn rhoi stribed adlewyrchol/fflwroleuol ar gynffon eich ceffyl.

Marchogaeth

52 Cyn i chi fynd â cheffyl ar y ffordd, dylech

- sicrhau bod y tac i gyd yn ffitio'n iawn a'i fod mewn cyflwr da

- gwneud yn *siŵr* eich bod yn gallu rheoli'r ceffyl.

Dylech bob amser farchogaeth gyda cheffylau eraill, llai nerfus, os ydych yn credu bod ofn traffig ar eich ceffyl chi. Peidiwch byth â marchogaeth ceffyl heb gyfrwy na ffrwyn, ill dau.

53 Cyn i chi gychwyn neu droi, edrychwch y tu ôl i chi i wneud yn *siŵr* ei bod yn ddiogel, yna rhowch arwydd clir efo'ch braich.

Wrth farchogaeth ar y ffordd, dylech

- gadw i'r chwith

- cadw'ch dwylo ar yr awenau oni bai eich bod yn rhoi arwydd

- cadw eich dwy droed yn y gwartholion
- peidio â chario person arall
- peidio â chario dim byd a allai effeithio ar eich cydbwysedd neu a allai fynd ynghlwm yn yr awenau
- cadw ceffyl sy'n cael ei arwain gennych i'r chwith i chi
- symud i gyfeiriad llif y traffig ar stryd unfforrd
- peidio byth â marchogaeth mwy na fesul dau ochr yn ochr; dylech farchogaeth mewn llinell ar ffordd gul neu brysur ac wrth fynd rownd troeon.

54 **RHAID I CHI BEIDIO** â mynd â cheffyl ar lwybr troed na phalmant, ac ni ddylech fynd â cheffyl ar lwybr beiciau. Defnyddiwch lwybr ceffylau lle bo'n bosibl. Mae'n bosib bod croesfannau i geffylau ar gael i groesi'r ffordd a dylech eu defnyddio os ydynt ar gael (gweler tudalen 12). Dylech ddod oddi ar gefn eich ceffyl ar groesfannau rheilffordd os oes arwydd yn gofyn i chi wneud hynny.

Cyfreithiau HA 1835 adran 72, R(S)A 1984, adran 129(5)

55 Dylech osgoi cylchfannau lle bynnag bo'n bosibl. Os byddwch yn eu defnyddio, dylech

- gadw i'r chwith a gwylio am gerbydau'n croesi'ch llwybr er mwyn gadael neu ymuno â'r gylchfan
- rhoi arwydd i'r dde wrth farchogaeth ar draws allanfeydd i ddangos nad ydych yn gadael
- rhoi arwydd i'r chwith yn union cyn gadael y gylchfan.

Anifeiliaid eraill

56 **Cŵn.** Peidiwch â gadael ci allan ar y ffordd ar ei ben ei hun. Dylech ei gadw ar dennyn byr wrth gerdded ar balmant, ffordd neu lwybr a rennir gyda seiclwyr neu bobl ar gefn ceffylau.

57 Pan fyddwch mewn cerbyd, gwnewch yn *siŵr* fod cŵn neu anifeiliaid eraill yn cael eu rhwystro'n ddiogel fel na allant dynnu'ch sylw wrth i chi yrru na'ch anafu chi, neu eu hunain, os byddwch yn stopio'n gyflym. Mae harneisi gwregys, basgedi cludo, cewyll neu gardiau cŵn yn ffyrdd o gario anifeiliaid yn ddiogel mewn ceir.

Anifeiliaid sy'n cael eu bugeilio. Dylech gadw'r rhain dan reolaeth drwy'r adeg. Os yn bosibl, dylech anfon person arall ar hyd y ffordd o'u blaenau i rybuddio defnyddwyr eraill y ffordd, yn enwedig wrth dro neu wrth ael bryn. Mae'n fwy diogel peidio â symud anifeiliaid ar ôl iddi dywyllu, ond os byddwch chi'n gwneud hynny, dylech wisgo dillad sy'n adlewyrchu'r golau a gwneud yn *siŵr* eich bod yn cario goleuadau (gwyn o flaen yr anifeiliaid a choch y tu cefn iddynt).

Rheolau i seiclwyr

Mae'r rheolau hyn yn ychwanegol at y rheini yn yr adrannau canlynol, sy'n berthnasol i bob cerbyd (heblaw am adran y traffyrdd ar dudalen 85). Gweler hefyd dudalen 118 - Chi a'ch beic.

Dillad. Dylech wisgo

- helmed seiclo sy'n cydymffurfio â'r rheoliadau cyfredol, sy'n ffitio'n iawn ac sydd wedi'i chau'n dynn
- dillad addas ar gyfer seiclo. Dylech osgoi dillad a allai fynd ynghlwm yn y gadwyn neu mewn olwyn neu a allai guddio'ch goleuadau
- dillad lliw golau neu fflwroleuol sy'n eich gwneud yn fwy amlwg i ddefnyddwyr eraill y ffordd yn ystod y dydd a phan fydd y golau'n wael
- dillad a/neu atodion (gwregys, bandiau braich neu ffêr) sy'n adlewyrchu'r golau yn y tywyllwch.

Rheol 59
Gnewch hi'n haws i bobl eich gweld

60 **Yn y nos. RHAID** i'ch beic fod â goleuadau blaen gwyn a goleuadau ôl coch sydd wedi'u cynnau. Mae'n **RHAID** hefyd wrth adlewyrchydd coch ar y cefn (ac adlewyrchyddion lliw ambr ar y pedalau os cafodd y beic ei gynhyrchu ar ôl 1/10/85). Bydd adlewyrchyddion blaen gwyn ac adlewyrchyddion ar adenydd yr olwynion hefyd yn help i bobl eich gweld. Caniateir goleuadau sy'n fflachio, ond fe argymhellir bod seiclwyr sy'n seiclo mewn ardaloedd heb oleuadau stryd yn defnyddio lamp flaen sydd wedi'i goleuo drwy'r amser.

Cyfraith RVLR rheoliadau 13, 18 a 24

61 **Llwybrau Beiciau a Chyfleusterau Eraill.** Defnyddiwch lwybrau beiciau, blaen-linellau stopio, blychau beiciau a chroesfannau twcan oni bai ei bod hi'n anniogel i chi wneud hynny ar y pryd. Nid oes rhaid i chi ddefnyddio'r cyfleusterau hyn, yn dibynnu ar eich profiad a'ch medrusrwydd, ond gall wneud eich taith yn fwy diogel.

62 **Llwybrau Beiciau.** Fel arfer, mae'r rhain oddi ar y ffordd, ond gallant redeg ochr yn ochr â llwybrau troed neu balmentydd o bryd i'w gilydd. Ar ambell lwybr mae cerddwyr a seiclwyr yn cael eu gwahanu ond ar rai eraill maent yn rhannu'r un llwybr (heb eu gwahanu). Wrth ddefnyddio llwybrau sydd wedi eu gwahanu **RHAID** cadw i'r ochr a fwriadwyd ar gyfer seiclwyr oherwydd palmant neu lwybr troed yw'r ochr ar gyfer cerddwyr o hyd. Cymerwch ofal wrth fynd heibio i gerddwyr, yn enwedig plant, pobl hŷn neu bobl anabl, a rhowch ddigon o le iddynt. Dylech bob amser fod yn barod i arafu a stopio os bydd angen. Cymerwch ofal ger cyffyrdd oherwydd efallai y bydd hi'n anodd i chi weld defnyddwyr eraill y ffordd, ac efallai nad ydynt hwy wedi sylwi arnoch chi.

Cyfraith HA 1835 adran 72

63 **Lonydd Beiciau.** Mae'r rhain wedi cael eu marcio gan linell wen (gall fod yn llinell fylchog) ar hyd y lôn gerbydau (gweler Rheol 140). Pan fyddwch yn defnyddio lôn feiciau, cadwch o fewn terfynau'r lôn pan fo hynny'n ymarferol bosib. Wrth adael lôn feiciau, gwnewch yn *siŵr* ei bod hi'n ddiogel gwneud hynny cyn tynnu allan a rhowch arwyddion clir i ddefnyddwyr eraill y ffordd. Nid oes rhaid i chi ddefnyddio lonydd beiciau, yn dibynnu ar eich profiad a'ch medrusrwydd, ond gall wneud eich taith yn fwy diogel.

64 **RHAID I CHI BEIDIO** â seiclo ar balmant.

Cyfreithiau HA 1835 adran 72 a R(S)A 1984, adran 129

65 **Lonydd Bysiau.** Gall seiclwyr ddefnyddio'r rhan fwyaf o lonydd bysiau os oes arwyddion yn dynodi hynny. Byddwch yn ofalus iawn wrth basio bws neu wrth adael lôn fysiau oherwydd byddwch yn ymuno â llif traffig mwy prysur. Peidiwch â phasio rhwng ymyl y palmant a bws pan fydd wedi stopio.

66 Dylech

- gadw'ch dwy law ar gyrn y beic ac eithrio wrth roi arwydd neu wrth newid gêr

- cadw'ch dwy droed ar y pedalau

- peidio byth â seiclo mwy na fesul dau ochr yn ochr; dylech seiclo mewn llinell ar ffordd gul neu brysur ac wrth fynd rownd troeon

- peidio â seiclo'n agos y tu ôl i gerbyd arall

- peidio â chario unrhyw beth a fydd yn effeithio ar eich cydbwysedd neu a allai fynd ynghlwm yn eich olwynion neu'r awenau

- bod yn ystyriol o ddefnyddwyr eraill y ffordd, yn enwedig cerddwyr dall a rhannol ddall. Rhowch wybod iddynt eich bod yna pan fydd angen, er enghraifft, drwy ganu eich cloch os oes gennych un. Argymhellir eich bod yn gosod cloch.

67 Dylech

- edrych o'ch cwmpas cyn symud i ffwrdd o ymyl y palmant, troi neu symud, i wneud yn *siŵr* ei bod yn ddiogel gwneud hynny. Rhowch arwydd clir i ddangos i ddefnyddwyr eraill y ffordd beth yr ydych yn bwriadu'i wneud (gweler tudalen 103)

- edrych ymhell o'ch blaen am rwystrau ar y ffordd, megis draeniau, tyllau a cherbydau wedi'u parcio fel nad oes rhaid i chi wyro'n sydyn i'w hosgoi. Gadewch ddigon o le wrth fynd heibio i gerbydau sydd wedi'u parcio a gwyliwch am gerddwyr neu ddrysau yn cael eu hagor ar draws eich llwybr

- bod yn ymwybodol o draffig sy'n dod or tu ôl i chi

- cymryd gofal arbennig ger twmpathau ffordd, darnau wedi'u culhau a nodweddion a mesurau eraill i dawelu'r traffig

- cymryd gofal wrth basio (gweler Rheolau 162-169).

68

RHAID I CHI BEIDIO â

- chario teithiwr oni bai bod eich beic wedi'i adeiladu neu'i addasu i'w gario
- dal gafael ar gerbyd neu ôl-gerbyd sy'n symud
- seiclo mewn ffordd sy'n beryglus, yn ddiofal neu'n anystyriol
- seiclo o dan ddylanwad alcohol neu gyffuriau, gan gynnwys meddyginiaeth.

Cyfraith RTA 1988 adrannau 24, 26, 28, 29 a 30 fel y'i diwygiwyd gan RTA 1991

69

RHAID i chi ufuddhau i'r holl arwyddion traffig ac arwyddion goleuadau traffig.

Cyfreithiau RTA 1988 adran 36 a TSRGD rheoliad 10(1)

70

Wrth barcio eich beic

- chwiliwch am leoliad amlwg lle gellir ei weld gan bobl sy'n mynd heibio
- defnyddiwch standiau beics neu gyfleusterau parcio beics pan fo hynny'n bosib
- peidiwch â'i adael mewn man lle gallai achosi rhwystr neu berygl i ddefnyddwyr eraill y ffordd
- clymwch ef yn ddiogel fel na fydd yn disgyn drosodd ac yn achosi rhwystr neu berygl.

71

RHAID I CHI BEIDIO â chroesi'r llinell stopio pan fydd y goleuadau traffig yn goch. Mae gan rai cyffyrdd flaen-linell stopio i'ch galluogi i aros a symud i'ch safle o flaen traffig arall (gweler Rheol 178).

Cyfreithiau RTA 1988 adran 36 a TSRGD rheoliadau 10 a 36(1)

Cyffyrdd

72

Ar y chwith. Wrth ddod at gyffordd ar y chwith, gwyliwch am gerbydau sy'n troi i mewn i neu allan o'r ffordd ochr o'ch blaen. Yn union cyn i chi droi, dylech edrych am seiclwyr neu feicwyr modur sy'n pasio ar y tu mewn. Peidiwch â seiclo ar y tu mewn i gerbydau sy'n arwyddo neu'n arafu i droi i'ch chwith.

73

Dylech roi sylw arbennig i gerbydau hir y mae angen llawer iawn o le arnynt i symud ar gorneli. Byddwch yn ymwybodol efallai na fydd gyrwyr yn gallu eich gweld. Efallai y bydd rhaid iddynt symud draw i'r dde cyn troi i'r chwith. Arhoswch nes byddant wedi gorffen symud oherwydd daw'r olwynion ôl yn agos iawn at ymyl y palmant wrth droi. Peidiwch â chael eich temtio i seiclo yn y bwlch rhyngddynt ac ymyl y palmant.

74 **Ar y dde.** Os ydych yn troi i'r dde, edrychwch ar y traffig i wneud yn *siŵr* ei bod yn ddiogel. Yna, rhowch arwydd a symudwch i ganol y ffordd. Arhoswch nes bod bwlch diogel yn y traffig sy'n dod tuag atoch a rhowch un edrychiad olaf arall cyn gorffen troi. Gallai fod yn fwy diogel aros ar y chwith nes daw bwlch addas, neu ddod oddi ar eich beic a'i wthio ar draws y ffordd.

75 **Ffyrdd Deuol.** Cofiwch fod y traffig ar y rhan fwyaf o ffyrdd deuol yn symud yn gyflym. Wrth groesi, dylech aros am fwlch diogel ac yna groesi pob lôn yn ei thro. Cymerwch ofal arbennig wrth groesi slipffyrdd.

Cylchfannau

76 Ceir manylion llawn am y drefn gywir ar gylchfannau yn Rheolau 184-190. Gall cylchfannau fod yn beryglus a dylech fod yn ofalus arnynt.

77 Efallai y byddwch yn teimlo'n fwy diogel yn cerdded gyda'ch beic o gwmpas y gylchfan ar y palmant neu ar ymyl y ffordd. Os byddwch yn penderfynu seiclo o'i gwmpas gan gadw i'r lôn ar y chwith, dylech

- fod yn ymwybodol na fydd gyrwyr yn gallu eich gweld yn hawdd efallai

- cymryd mwy o ofal wrth seiclo ar draws allanfeydd. Efallai y bydd angen i chi roi arwydd i'r dde i ddangos nad ydych yn gadael y gylchfan.

- gwylio am gerbydau sy'n croesi eich llwybr i adael neu ymuno â'r gylchfan.

78 Rhowch ddigon o le i gerbydau hir ar y gylchfan gan fod angen mwy o le arnynt i symud. Peidiwch â seiclo yn y lle y mae ei angen arnynt i fynd o amgylch y gylchfan. Efallai y bydd yn fwy diogel i chi aros nes byddant wedi gadael y gylchfan.

Croesi'r ffordd

79 Peidiwch â seiclo ar draws croesfannau i geffylau oherwydd mai croesfannau i bobl ar gefn ceffyl ydynt. Peidiwch â seiclo ar draws croesfan belican, pâl neu sebra. Dylech ddod oddi ar eich beic a'i wthio ar draws.

80 **Croesfannau twcan.** Croesfannau a reolir gan oleuadau yw'r rhain sy'n gadael i seiclwyr a cherddwyr rannu'r un llwybr a chroesi yr un pryd. Cânt eu gweithio drwy wasgu botwm. Bydd cerddwyr a seiclwyr yn gweld yr arwydd gwyrdd gyda'i gilydd. Caniateir i bobl ar gefn beic seiclo ar draws.

81 **Croesfannau seiclo yn unig.** Gall llwybrau beiciau ar y ddwy ochr i'r ffordd fod wedi'u cysylltu gan groesfannau sydd ag arwyddion arnynt. Gallwch seiclo ar eu traws ond **RHAID I CHI BEIDIO** â chroesi nes bydd y symbol seiclo gwyrdd yn ymddangos.

Cyfraith TSRGD rheoliadau 33(2) a 36(1)

82 **Croesfannau rheilffordd/Tramffyrdd.** Cymerwch ofal arbennig wrth groesi'r traciau (gweler Rheol 306). Dylech ddod oddi ar gefn eich beic ar groesfannau rheilffordd os oes arwydd yn gofyn i chi wneud hynny.

Rheolau i feicwyr modur

Mae'r Rheolau hyn yn ychwanegol at y rhai yn yr adrannau canlynol sy'n berthnasol i bob cerbyd. Ewch i dudalennau 118-119 i weld y gofynion trwyddedu ar gyfer beiciau modur.

Cyffredinol

83 Ar bob siwrnai, **RHAID** i'r beiciwr a'r teithiwr ar y piliwn ar feic modur, sgwter neu foped wisgo helmed amddiffynnol. Nid yw hyn yn berthnasol i bobl sy'n ddilynwyr crefydd Sikh os ydynt yn gwisgo tyrban. **RHAID** i helmedau gydymffurfio â'r Rheoliadau a **RHAID** iddynt gael eu cau'n dynn. Hefyd, dylai beicwyr a theithwyr ar feiciau modur tair a phedair olwyn (a elwir hefyd yn feiciau cwad) wisgo helmed amddiffynnol. Cyn cychwyn bob taith, sicrhewch fod fisor eich helmed yn lân ac mewn cyflwr da.

Cyfreithiau RTA 1988 adrannau 16 a 17 a MC(PH)R fel y'i diwygiwyd, rheoliad 4

84 Fe'ch cynghorir hefyd i wisgo rhywbeth i amddiffyn y llygaid, a **RHAID** i hwnnw gydymffurfio â'r Rheoliadau.

Gall amddiffynwyr llygaid sydd wedi'u crafu neu sydd ddim yn ffitio'n dda gyfyngu ar yr hyn a welwch wrth feicio, yn enwedig mewn haul llachar ac yn y tywyllwch. Dylech ystyried gwisgo rhywbeth i amddiffyn y clustiau. Gall esgidiau cryfion, menig a dillad addas helpu i'ch amdiffyn pe baech yn cael gwrthdrawiad.

Cyfreithiau RTA adran 18 a MC(EP)R fel y'i diwygiwyd, rheoliad 4

85 **RHAID I CHI BEIDIO** â chario mwy nag un teithiwr ar y piliwn a **RHAID** iddo eistedd ag un goes bob ochr i'r peiriant ar sedd briodol. Dylent wynebu ymlaen a rhoi eu dwy droed ar y troedleoedd. **RHAID I CHI BEIDIO** â chario teithiwr ar y piliwn oni bai bod eich beic modur wedi'i ddylunio i wneud hynny. **RHAID I** ddeiliaid trwydded dros dro **BEIDIO** â chario teithiwr ar y piliwn.

Cyfreithiau RTA 1988 adran 23, MV(DL)R 1999 rheoliad 16(6) a CUR 1986 rheoliad 102

86 **Beicio yn ystod y dydd.** Gwnewch eich hun mor weladwy â phosibl o'r ochr yn ogystal ag o'r tu blaen a'r cefn. Gallech wisgo helmed olau neu un a lliwiau llachar arni a dillad neu stribedi fflwroleuol. Hefyd, gall goleuadau wedi'u dipio, hyd yn oed mewn golau dydd da, eich gwneud yn fwy amlwg. Serch hynny, byddwch yn ymwybodol efallai nad yw gyrwyr cerbydau eraill wedi'ch gweld neu heb farnu eich pellter na'ch cyflymder yn gywir, yn enwedig wrth gyffyrdd.

Rheol 86
Gwnewch hi'n haws i bobl eich gweld

87 **Beicio yn y tywyllwch.** Gwisgwch ddillad neu stribedi adlewyrchol fel ei bod hi'n haws eich gweld yn y tywyllwch. Mae'r rhain yn adlewyrchu'r golau o brif oleuadau cerbydau eraill gan eich gwneud yn fwy gweladwy o ymhellach i ffwrdd. Gweler Rheolau 113-116 ar gyfer y gofynion o ran goleuadau.

88 **Symud.** Dylech fod yn ymwybodol o'r hyn sydd y tu ôl ichi ac i'r ochrau cyn gwneud unrhyw symudiad. Edrychwch y tu ôl i chi; defnyddiwch y drychau os oes rhai wedi'u gosod. Pan fyddwch mewn ciwiau traffig, dylech edrych am gerddwyr sy'n croesi rhwng cerbydau, cerbydau sy'n dod o gyffyrdd neu gerbydau sy'n newid lonydd. Lleolwch eich hun fel bo'r gyrwyr o'ch blaen yn gallu eich gweld yn eu drychau. Hefyd, wrth ffiltro mewn traffig sy'n symud yn araf, byddwch yn ofalus a chadwch eich cyflymder yn isel.
Cofiwch: Arsylwi - Rhoi Arwydd - Symud.

Rheolau i yrwyr a beicwyr modur

89 **Cyflwr y cerbyd. RHAID** i chi wneud yn siŵr fod eich cerbyd a'ch ôl-gerbyd yn cydymffurfio â gofynion llawn Rheoliadau Cerbydau'r Ffordd (Gwneuthuriad a Defnydd) a Rheoliadau Goleuo Cerbydau'r Ffordd (gweler tudalen 124).

Ffitrwydd i yrru

90 Gwnewch yn siŵr eich bod yn ffit i yrru. **RHAID** i chi roi gwybod i'r Asiantaeth Trwyddedu Gyrwyr a Cherbydau (DVLA) am unrhyw gyflwr iechyd sy'n debygol o effeithio ar eich gyrru.

Cyfraith RTA 1988 adran 94

91 Mae gyrru pan fyddwch wedi blino yn cynddu'r perygl o gael gwrthdrawiad yn sylweddol. I leihau'r perygl hwn

- gwnewch yn *siŵr* eich bod yn ffit i yrru. Peidiwch â chychwyn ar siwrnai os ydych wedi blino. Ceisiwch gael noson dda o gwsg cyn cychwyn ar siwrnai hir

- dylech osgoi gwneud teithiau hirion rhwng hanner nos a 6 am, pan fyddwch chi'n lleiaf effro

- cynlluniwch eich siwrnai fel eich bod yn cymryd digon o seibiannau. Mae seibiant o 15 munud o leiaf yn cael ei argymell ar ôl pob dwy awr o yrru

- os ydych yn teimlo'n gysglyd o gwbl, stopiwch mewn man diogel. Peidiwch â stopio ar lain galed y draffordd

- y ffyrdd mwyaf effeithiol o ddod dros awydd cwsg yw cymryd diod, er enghraifft, dau gwpanaid o goffi â chaffin a chysgu am ychydig (o leiaf 15 munud).

92 Golwg. **RHAID** eich bod yn gallu darllen plât rhif cofestru cerbyd, mewn golau dydd da, o bellter o 20 metr (neu 20.5 metr os mai'r hen fath o blât rhif ydyw). Os oes angen i chi wisgo sbectol (neu lensys cyffwrdd) i wneud hyn, **RHAID** i chi eu gwisgo bob amser wrth yrru. Gall yr heddlu ofyn i yrrwr gymryd prawf golwg.
Cyfreithiau RTA 1988 adran 96 a MV(DL)R rheoliad 40 ac atodlen 8

93 Os ydych chi'n cael eich dallu gan haul llachar dylech arafu a stopio os oes rhaid.

94 Yn y nos neu mewn gweleddedd gwael, peidiwch â defnyddio sbectol, lensys na feisors wedi'u lliwio os ydynt yn amharu ar eich golwg.

Alcohol a chyffuriau

95 **Peidiwch ag yfed a gyrru** gan y bydd yn amharu'n ddifrifol ar eich gallu i farnu a'r hyn y gallwch ei wneud. Yng Nghymru a Lloegr, **RHAID I CHI BEIDIO** â gyrru os bydd gennych lefel alcohol yn yr anadl sy'n uwch na 35 microgram/100 mililitr o anadl, neu lefel alcohol yn y gwaed sy'n uwch na 80 miligram/100 mililitr o waed. Yn yr Alban mae'r terfynau cyfreithiol yn is. **RHAID I CHI BEIDIO** â gyrru os bydd gennych lefel alcohol yn yr anadl sy'n fwy na 22 microgram/100 mililitr o anadl, neu lefel alcohol o fwy na 50 miligram/100 mililitr o waed.

Bydd alcohol yn

- rhoi ymdeimlad ffug o hyder
- lleihau cydlyniad ac yn arafu'ch gallu i ymateb
- effeithio ar eich gallu i farnu cyflymder, pellter a risg
- lleihau'ch gallu i yrru, hyd yn oed os ydych o dan y cyfyngiad cyfreithiol
- cymryd amser i adael eich corff; efallai na fyddwch yn ffit i yrru gyda'r nos ar ôl yfed amser cinio, neu yn y bore ar ôl yfed y noson gynt.

Yr ateb gorau yw peidio ag yfed o gwbl os ydych yn bwriadu gyrru oherwydd mae unrhyw faint o alcohol yn effeithio ar eich gallu i yrru'n ddiogel. Os ydych am yfed, trefnwch ffordd arall o deithio.
Cyfraith RTA 1988 adrannau 4, 5 ac 11(2), y Ddeddf Traffig Ffordd 1988 PLSR

96 **RHAID I CHI BEIDIO** â gyrru o dan ddylanwad cyffuriau na meddyginiaeth. Ar gyfer meddyginiaethau, holwch eich meddyg neu fferyllydd a pheidiwch â gyrru os y'ch cynghorir y gallai'ch gallu fod wedi ei amharu.

RHAID I CHI BEIDIO â gyrru os oes gennych gyffuriau anghyfreithlon neu feddyginiaethau penodol yn eich gwaed uwchlaw terfynau penodol. Mae defnyddio cyffuriau anghyfreithlon yn hynod beryglus os ydych yn bwriadu gyrru; does dim dal beth fydd eu heffaith, ond gallant fod yn fwy difrifol hyd yn oed nag alcohol, gan arwain at wrthdrawiadau ffordd angheuol neu ddifrifol. Mae cyffuriau anghyfreithlon wedi eu dynodi ar lefelau isel iawn, felly gallai hyd yn oed ychydig bach iawn o ddefnydd fod yn uwch na'r terfynau a benodwyd. Mae'r terfynau ar gyfer meddyginiaethau penodol wedi eu dynodi ar lefelau uwch, uwchlaw'r lefelau a ganfyddir yn gyffredinol yng ngwaed cleifion sydd wedi cymryd dos therapiwtig arferol. Os canfyddir bod gennych grynodiad o gyffur sy'n uwch na'r terfyn penodedig yn eich gwaed oherwydd y rhagnodwyd neu y cyflenwyd dos arbennig o uchel o feddyginiaeth i chi yn gyfreithlon, yna gallwch hawlio amddiffyn meddygol statudol, ar yr amod nad oedd y feddyginiaeth yr ydych yn cymryd wedi amharu ar eich gyrru.

Cyfraith RTA 1988 adrannau 4 a 5

Cyn cychwyn. Dylech wneud yn *siŵr*

- eich bod wedi cynllunio eich taith a'ch bod wedi gadael digon o amser

- nad yw eich dillad a'ch esgidiau yn eich atal rhag defnyddio'r rheolyddion yn y ffordd gywir

- eich bod yn gwybod ble mae'r holl reolyddion a sut i'w defnyddio cyn bod eu hangen arnoch. Nid yw pob cerbyd yr un fath; peidiwch ag aros nes ei bod yn rhy hwyr i ddod o hyd iddynt

- bod eich drychau a'ch sedd wedi'u haddasu'n gywir er mwyn i chi fod yn hollol gyfforddus, bod gennych reolaeth lwyr a'ch bod yn gallu gweld cymaint â phosibl

- bod ataluddion pen wedi'u haddasu'n iawn i leihau'r perygl o anaf i'r gwddf neu'r asgwrn cefn os digwydd gwrthdrawiad

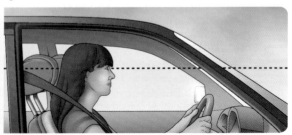

Rheol 97
Sicrhewch fod ataluddion pen wedi'u haddasu'n iawn

- bod gennych ddigon o danwydd cyn dechrau ar eich siwrnai yn enwedig os yw'n golygu gyrru ar y draffordd. Gall colli pŵer fod yn beryglus wrth yrru mewn traffig

- sicrhau bod eich cerbyd yn gyfreithlon ac yn ddiogel i fod ar y ffordd

- diffodd eich ffôn symudol.

Cerbyd yn towio ac yn llwytho. Fel gyrrwr

- **RHAID I CHI BEIDIO** â thowio mwy nag y mae eich trwydded yn ei ganiatáu. Os gwnaethoch chi basio prawf car ar ôl 1 Ionawr 1997, mae cyfyngiad ar bwysau'r ôl-gerbyd y gallwch chi ei dowio

- **RHAID I CHI BEIDIO** â gorlwytho eich cerbyd na'ch ôl-gerbyd. Ni ddylech dowio pwysau sy'n fwy na'r hyn sy'n cael ei argymell gan wneuthurwr eich cerbyd

- **RHAID** clymu eich llwyth yn ddiogel a **RHAID IDDO BEIDIO** â sticio allan yn beryglus. Sicrhewch fod unrhyw ddarnau trwm neu siarp ac unrhyw anifeiliaid yn cael eu clymu'n ddiogel. Os cewch wrthdrawiad, gallent daro yn erbyn rhywun yn y cerbyd gan achosi anafiadau difrifol

- dylech wneud yn siŵr fod y pwysau wedi ei rannu'n briodol yn eich carafán neu'ch ôl-gerbyd gyda'r eitemau trwm ar ben yr echel(au) yn bennaf a dylech sicrhau bod pwysau'r llwyth tuag i lawr ar y belen dowio. Ni ddylid cario mwy o bwysau na'r hyn sy'n cael ei argymell gan y gwneuthurwr ac ni ddylai'r llwyth ar y belen dowio chwaith fod yn fwy na'r hyn a argymhellir gan y gwneuthurwr. Dylai hyn osgoi'r posibilrwydd o wyro, nadreddu neu fynd allan o reolaeth. Pe bai hynny'n digwydd, tynnwch eich troed oddi ar y sbardun ac arafwch yn raddol i adennill rheolaeth

- gall cario llwyth neu dynnu ôl-gerbyd olygu bod angen i chi addasu'r goleuadau blaen.

Os ydych yn torri lawr, cofiwch fod towio cerbyd gyda rhaff dowio yn gallu bod yn beryglus. Dylech ystyried gael cerbyd adfer proffesiynol i gludo'ch cerbyd.

Cyfreithiau CUR rheoliad 100 a MV(DL)R rheoliad 43

Gwregysau diogelwch a gwregysau i blant

RHAID gwisgo gwregys diogelwch mewn car, fan neu gerbyd nwyddau arall os oes un yno (gweler y tabl isod). **RHAID** i oedolion a phlant 14 oed a throsodd wisgo gwregys diogelwch neu wregys i blant, os oes rhai yno,

31

wrth eistedd mewn bws mini neu fws mawr. Mae deiliaid trwyddedau eithrio meddygol a'r sawl sy'n danfon neu'n casglu nwyddau mewn cerbyd nwyddau ac yn teithio llai na 50 metr (oddeutu 162 troedfedd) wedi'u heithrio.

Cyfreithiau RTA 1988 adrannau 14 a 15, MV(WSB)R, MV(WSBCFS)R a MV(WSB)(A)R

Gofynion gwregysau diogelwch. Mae'r tabl hwn yn crynhoi'r prif ofynion cyfreithiol o ran gwisgo gwregysau diogelwch mewn ceir, faniau a cherbydau nwyddau eraill.

	Sedd flaen	Sedd gefn	Pwy sy'n gyfrifol?
Gyrrwr	**RHAID** gwisgo gwregys dio-gelwch os oes un yno	-	**Gyrrwr**
Plentyn dan 3 oed	**RHAID** defnyddio'r sedd gywir i blant	**RHAID** defnyddio'r sedd gywir i blant. Os nad oes un i'w gael mewn tacsi, gall y plentyn deithio heb wregys.	**Gyrrwr**
Plentyn o'i benblwydd yn 3 oed hyd nes ei fod yn 1.35 metr o daldra (neu ei ben-blwydd yn 12 oed, pa un bynnag sy'n dig-wydd gyntaf)	**RHAID** defnyddio'r sedd gywir i blant	**RHAID** defnyddio'r sedd gywir i blant os oes gwregysau diogelwch wedi'u gosod. **RHAID** defnyddio gwregys oedolyn os nad oes sedd i blant ar gael mewn tacsi trwydde-dig neu gerbyd hurio preifat, neu am resymau annisgwyl lle mae'n rhaid cario plentyn dros bellter byr, neu os oes dau blentyn mewn sed-dau ac nid oes lle i osod trydedd sedd i blant	**Gyrrwr**
Plentyn dros 1.35 metr (odd-eutu 4 troedfedd 5 modfedd) o daldra neu 12 neu 13 oed	**RHAID** gwisgo gwregys diogel-wch oedolyn os oes un ar gael	**RHAID** gwisgo gwregys diogelwch oedolyn os oes un ar gael	**Gyrrwr**
Teithwyr sy'n **Oedolion** 14 oed a throsodd	**RHAID** gwisgo gwregys diogel-wch oedolyn os oes un ar gael	**RHAID** gwisgo gwregys diogelwch oedolyn os oes un ar gael	**Teithiwr**

 RHAID i'r gyrrwr sicrhau bod pob plentyn o dan 14 oed mewn car, fan a cherbyd nwyddau arall yn gwisgo gwregys diogelwch neu'n eistedd mewn sedd i blant sydd wedi'i chymeradwyo pan fo angen (gweler y tabl uchod). Os yw plentyn yn fyrrach na 1.35 metr (oddeutu 4 troedfedd 5 modfedd), **RHAID** i'r sedd babi, sedd plentyn, sedd godi neu glustog codi fod yn addas i bwysau'r plentyn dan sylw ac wedi'i osod yn unol â chyfarwyddiadau'r gwneuthurwr.

Cyfreithiau RTA 1988 adrannau 14 a 15, MV(WSB)R, MV(WSBCFS)R a MV(WSB)(A)R

Rheol 100
Gwnewch yn siŵr bod y plentyn yn defnyddio gwregys addas sydd wedi'i addasu'n gywir ar ei gyfer

101 **RHAID PEIDIO** â gosod sedd babi sy'n wynebu'r cefn ar sedd sy'n cael ei hamddiffyn o'i flaen gan fag aer gweithredol, oherwydd mewn gwrthdrawiad gallai'r bag awyr achosi anafiadau difrifol i'r plentyn neu hyd yn oed ei ladd.

Cyfreithiau RTA 1988 adrannau 14 a 15, MV(WSB)R, MV(WSBCFS)R a MV(WSB)(A)R

102 **Plant mewn ceir, faniau a cherbydau nwyddau eraill.** Dylai gyrwyr sy'n cario plant mewn ceir, faniau a cherbydau nwyddau eraill sicrhau

- bod plant yn mynd i mewn i'r cerbyd drwy'r drws sydd agosaf at y palmant
- bod gwregysau plant yn cael eu gosod yn briodol yn ôl cyfarwyddiadau'r gwneuthurwr
- nad yw'r plant yn eistedd y tu ôl i'r seddau cefn mewn car ystâd neu gar a'i gefn y codi, oni bai bod sedd plentyn arbennig wedi cael ei gosod
- bod y cloeon diogelwch plant ar y drysau, os ydynt wedi'u gosod, yn cael eu defnyddio pan fydd plant yn y cerbyd
- bod plant yn cael eu cadw dan reolaeth.

Rheolau cyffredinol, technegau a chyngor i bob gyrrwr a beiciwr

Dylai pob gyrrwr, beiciwr modur, seiclwr a pherson ar gefn ceffyl ddarllen yr adran hon. Nid yw'r rheolau yn y llyfryn hwn yn rhoi'r hawl i chi o dan unrhyw amgylchiadau; maent yn eich cynghori pryd y dylech ildio i bobl eraill. Ildiwch bob amser os bydd yn help i osgoi digwyddiad.

Rhoi Arwyddion

103 Mae rhoi arwydd yn rhybuddio a rhoi gwybod i bobl eraill sy'n defnyddio'r ffordd, yn cynnwys cerddwyr, am yr hyn yr ydych yn bwriadu'i wneud (gweler tudalen 103). Dylech wneud y canlynol bob tro

- rhoi arwyddion clir mewn da bryd, ar ôl gwneud yn *siŵr* nad yw'n gamarweiniol rhoi arwydd ar yr adeg honno

- rhoi arwyddion i hysbysu defnyddwyr eraill y ffordd cyn newid cwrs neu gyfeiriad, stopio neu gychwyn

- canslo arwyddion ar ôl eu defnyddio

- gwneud yn *siŵr* na fydd eich arwyddion yn drysu pobl eraill. Er enghraifft, os oes ffordd yn troi i'r ochr a'ch bod chi am stopio yn nes ymlaen, peidiwch â rhoi arwydd hyd nes eich bod wedi pasio'r troad. Os ydych yn rhoi arwydd cyn y troad, fe allai hynny roi'r argraff eich bod yn bwriadu troi i'r ffordd. Bydd goleuadau eich brêcs yn rhybuddio traffig y tu ôl i chi eich bod yn arafu

- defnyddio arwydd braich i bwysleisio neu atgyfnerthu eich arwydd os bydd angen. Cofiwch nad yw rhoi arwydd yn golygu eich bod yn cael blaenoriaeth.

104 Hefyd dylech

- wylio am arwyddion sy'n cael eu rhoi gan ddefnyddwyr eraill y ffordd a dim ond pan ydych yn fodlon ei bod yn saff i chi wneud hynny y dylech fynd ymlaen

- bod yn ymwybodol y gall cyfeiriwr ar gerbyd arall fod heb gael ei ddiffodd.

105 RHAID i chi ufuddhau i arwyddion a roddir gan swyddogion yr heddlu, swyddogion a wardeiniaid traffig (gweler tudalennau 104-105) ac arwyddion sy'n cael eu defnyddio gan reolwyr croesfannau ysgol.

Cyfreithiau RTRA adran 28, RTA 1988 adran 35, TMA 2004 adran 6, a FTWO erthygl 3

106 **Trefniadau stopio'r heddlu.** Os yw'r heddlu am stopio eich cerbyd, byddant yn tynnu eich sylw, lle bo'n posibl, drwy

- fflachio goleuadau glas neu brif oleuadau neu drwy ganu seiren neu gorn, fel arfer o'r tu ôl i chi

- eich cyfarwyddo i dynnu i'r ochr drwy bwyntio a/neu ddefnyddio'r cyfeiriwr chwith.

RHAID i chi wedyn dynnu i mewn a stopio cyn gynted ag y bydd yn ddiogel i chi wneud hynny. Yna, diffoddwch yr injan.

Cyfraith RTA 1988 adran 163

Trefniadau stopio eraill

107 Mae gan **swyddogion yr Asiantaeth Safonau Gyrwyr a Cherbydau** rymoedd i stopio cerbydau ar bob ffordd, yn cynnwys priffyrdd a chefnffyrdd, yng Nghymru a Lloegr. Byddant yn tynnu eich sylw drwy fflachio goleuadau ambr

- naill ai o'r tu blaen i chi yn gofyn i chi eu dilyn a stopio mewn man diogel

- neu o'r tu ôl yn eich cyfarwyddo i dynnu i'r ochr drwy bwyntio a/neu ddefnyddio'r cyfeiriwr chwith.

Mae'n drosedd i beidio â chydymffurfio â'u cyfarwyddiadau. RHAID i chi ufuddhau i unrhyw arwyddion a roddir (gweler tudalen 105).

Cyfreithiau RTA 1988, adran 67, a PRA 2002, adran 41 ac atodlen 5(8)

108 Mae gan **Swyddogion Traffig** bwerau i stopio cerbydau ar y rhan fwyaf o draffyrdd a rhai ffyrdd dosbarth 'A' yn Lloegr yn unig. Os yw swyddogion traffig am stopio eich cerbyd am resymau diogelwch (e.e. oherwydd llwyth anniogel), byddant yn tynnu eich sylw, lle bo'n bosibl, drwy

- fflachio goleuadau ambr, fel arfer o'r tu ôl

- eich cyfarwyddo i dynnu i'r ochr drwy bwyntio a/neu ddefnyddio'r cyfeiriwr chwith.

RHAID i chi wedyn dynnu i mewn a stopio cyn gynted ag y bydd yn ddiogel i chi wneud hynny. Yna, diffoddwch yr injan. Mae'n drosedd i beidio â chydymffurfio â'u cyfarwyddiadau (gweler tudalen 105).

Cyfraith RTA1988, adrannau 35 a163 fel y'i diwygiwyd gan TMA 2004, adran 6

109 **Signalau goleuadau traffig ac arwyddion traffig.**
RHAID ufuddhau i'r holl signalau goleuadau traffig (gweler tudalen 102) ac arwyddion traffig sy'n rhoi gorchmynion, yn cynnwys arwyddion a signalau dros dro (gweler tudalennau 106-111). Gwnewch yn siŵr eich bod yn gwybod, yn deall ac yn gweithredu ar bob arwydd traffig a gwybodaeth arall a marciau ar y ffordd (gweler tudalennau 106-117).

Cyfreithiau RTA 1988 adran 36 a TSRGD rheoliadau 10, 15, 16, 25, 26, 27, 28, 29, 36, 38 a 40

110 **Fflachio prif oleuadau.** Dim ond i roi gwybod i ddefnyddwyr eraill y ffordd eich bod yno y dylech fflachio'ch prif oleuadau. Peidiwch â fflachio'ch prif oleuadau i gyfleu unrhyw neges arall nac i herio defnyddwyr eraill y ffordd.

111 Peidiwch â rhagdybio bod rhywun yn fflachio eu golau yn wahoddiad i chi fynd yn eich blaen. Penderfynwch drosoch eich hun yna gyrrwch ymlaen yn ddiogel.

112 **Y corn.** Dim ond pan fydd eich cerbyd yn symud a bod angen i chi rybuddio defnyddwyr eraill y ffordd eich bod yno y dylech ddefnyddio'r corn. Peidiwch byth â chanu eich corn yn ymosodol. **RHAID I CHI BEIDIO** â defnyddio eich corn

- pan ydych yn sefyll yn eich unfan ar y ffordd
- wrth yrru drwy ardal adeiledig rhwng 11.30 pm a 7.00 am

ac eithrio pan fydd defnyddiwr arall y ffordd yn peri perygl.

Cyfraith CUR rheoliad 99

Gofynion goleuo

RHAID i chi

- wneud yn *siŵr* fod y goleuadau ochr a goleuadau'r plât cofrestru yn y cefn ymlaen rhwng machlud haul a'r wawr

- defnyddio prif oleuadau yn y nos, heblaw ar ffordd lle mae'r goleuadau stryd wedi'u cynnau. Fel arfer, ffyrdd yw'r rhain gyda chyfyngiad cyflymder o 30 mya (48 km/awr) oni nodir yn wahanol

- defnyddio prif oleuadau pan fydd y gwelededd wedi dirywio'n ddifrifol (gweler Rheol 226).

Diffinnir y nos (yn y tywyllwch) fel y cyfnod rhwng hanner awr ar ôl machlud haul a hanner awr cyn iddo wawrio.

Cyfreithiau RVLR rheoliadau 3, 24, a 25 (Yn yr Alban - RTRA 1984 adran 82 (fel y'i diwygiwyd gan NRSWA, paragraff 59 atodlen 8))

RHAID I CHI BEIDIO â

- defnyddio unrhyw oleuadau mewn ffordd a fyddai'n dallu neu'n achosi anghysur i ddefnyddwyr eraill y ffordd, gan gynnwys cerddwyr, seiclwyr a phobl ar gefn ceffylau

- defnyddio goleuadau niwl yn y pen blaen neu ar y cefn oni bai bod y gwelededd wedi'i leihau'n ddifrifol. **RHAID** i chi eu diffodd pan fydd y gwelededd yn gwella er mwyn osgoi dallu defnyddwyr eraill y ffordd (gweler Rheol 226).

Mewn ciwiau o draffig sydd wedi stopio'n stond, dylai gyrwyr ddefnyddio'r brêc parcio, ac ar ôl i'r traffig y tu ôl stopio, dylent godi eu troed oddi ar y brêc troed i ddiffodd goleuadau brecio'r cerbyd. Bydd hyn yn lleihau goleuadau llachar yn llygaid defnyddwyr y ffordd hyd nes y bydd y traffig yn ailddechrau symud.

Cyfraith RVLR rheoliad 27

Dylech hefyd

- ddefnyddio goleuadau wedi'u dipio, neu dim-dip os yw ar gael, yn ystod y nos mewn ardaloedd adeiledig ac mewn tywydd cymylog yn ystod y dydd, i wneud yn siŵr fod modd eich gweld

- cadw'ch prif oleuadau wedi'u dipio wrth basio nes eich bod ochr yn ochr â'r cerbyd arall ac yna newid i'r prif olau os oes rhaid, oni bai bod hynny'n dallu defnyddwyr ffordd sy'n dod tuag atoch

- arafu ac, os oes rhaid, stopio, os ydych yn cael eich dallu gan brif oleuadau traffig sy'n dod tuag atoch.

116 **Goleuadau rhybuddio am beryglon.** Gallwch ddefnyddio'r rhain pan fydd eich cerbyd yn sefyll yn ei unfan, i rybuddio ei fod yn atal y traffig dros dro. Peidiwch byth â'u defnyddio fel esgus i barcio'n beryglus neu'n anghyfreithlon. **RHAID I CHI BEIDIO** â defnyddio goleuadau rhybudd wrth yrru neu wrth i chi gael eich towio oni bai eich bod ar draffordd neu ffordd ddeuol ddiamod a bod angen i chi rybuddio gyrwyr y tu ôl i chi fod yna berygl neu rwystr o'ch blaen. Dim ond yn ddigon hir i sicrhau bod rhywun wedi gweld eich rhybudd y dylech eu defnyddio.

Cyfraith RVLR rheoliad 27

Rheoli'r cerbyd

Brecio

117 **O dan amgylchiadau arferol.** Y ffordd fwyaf diogel o frecio yw gwneud hynny'n gynnar ac yn ysgafn. Dylech frecio'n gadarnach wrth i chi ddechrau stopio. Codwch y pwysau oddi ar y brêc ychydig cyn i'r cerbyd stopio i osgoi stopio'n herciog.

118 **Mewn argyfwng.** Breciwch ar unwaith. Ceisiwch osgoi brecio mor arw fel bod eich olwynion yn cloi. Os yw'r olwynion yn cloi, gallech chi golli rheolaeth.

119 **Sgidio.** Mae'r car yn sgidio fel arfer am fod y gyrrwr yn brecio, yn cyflymu neu'n llywio'n rhy arw neu'n gyrru'n rhy gyflym ar gyfer cyflwr y ffordd. I ddod allan o sgid, tynnwch eich troed yn llwyr oddi ar bedal brêc neu oddi ar y sbardun. Trowch yr olwyn lywio i gyfeiriad y sgid. Er enghraifft, os yw cefn y cerbyd yn sgidio i'r dde, llywiwch i'r dde ar unwaith er mwyn ei unioni.

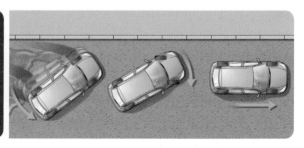

Rheol 119
Cefn y car yn sgidio i'r dde. Gyrrwr yn llywio i'r dde.

120 **System frecio gwrth-gloi (ABS).** Os oes brêcs gwrth-gloi wedi'u gosod ar eich cerbyd, dylech ddilyn y cyngor a roddir yn llawlyfr y cerbyd. Fodd bynnag, mewn argyfwng, pwyswch ar y brêc troed yn gadarn; peidiwch â thynnu'r pwysau oddi arno hyd nes bo'r cerbyd wedi arafu i'r cyflymder dymunol. Dylai'r system frecio gwrth-gloi sicrhau eich bod yn gallu cadw rheolaeth dros y llyw, ond peidiwch â rhagdybio bod cerbyd gyda system frecio gwrth-gloi yn gallu stopio'n gynt.

121 **Brêcs y mae dŵr wedi effeithio arnynt.** Os ydych wedi gyrru drwy ddŵr dwfn, mae'n bosibl na fydd eich brêcs mor effeithiol. Profwch nhw ar y cyfle diogel cyntaf a ddaw drwy wasgu'n ysgafn ar bedal y brêc i wneud yn *siŵr* eu bod yn gweithio. Os nad ydynt yn hollol effeithiol, gwasgwch yn ysgafn arnynt tra'n gyrru'n araf. Bydd hyn yn help i'w sychu.

122 **Hwylio mynd.** Mae hyn yn golygu cerbyd sy'n teithio mewn niwtral neu gyda phedal y cydiwr wedi'i wasgu i lawr. Mae gan y gyrrwr lai o reolaeth oherwydd

- nid oes modd brecio â'r injan

- bydd y car yn cyflymu'n sydyn wrth fynd i lawr rhiw

- mae defnyddio mwy ar y brêc troed yn gallu ei wneud yn llai effeithiol

- mae'n effeithio ar ymateb y llyw, yn enwedig ar droadau a chorneli

- gall fod yn fwy anodd dewis y gêr priodol pan fydd ei angen.

123 **Y gyrrwr a'r Amgylchedd. RHAID I CHI BEIDIO** â gadael cerbyd wedi'i barcio heb neb yn gofalu amdano gyda'r injan yn dal i droi na gadael injan cerbyd yn troi yn ddiangen tra bo'r cerbyd hwnnw yn sefyll yn ei unfan ar ffordd gyhoeddus. Yn gyffredinol, os yw cerbyd yn sefyll yn ei unfan ac yn debygol o aros am fwy na rhai munudau, dylech ddefnyddio'r brêc parcio a diffodd yr injan er mwyn lleihau gollyngiadau a llygredd *sŵn*. Fodd bynnag, gallwch adael yr injan i droi os yw'r cerbyd yn sefyll yn ei unfan mewn traffig neu er mwyn dod o hyd i nam ar y cerbyd.

Cyfraith CUR rheoliadau 98 a 107

Cyfyngiadau Cyflymder

Mathau o gerbyd	Ardaloedd adeiledig* mya (km/awr)	Ffyrdd sengl mya (km/awr)	Ffyrdd deuol mya (km/awr)	Traffyrdd mya (km/awr)
Ceir a beiciau modur (yn cynnwys faniau sy'n deillio o geir sy'n pwyso hyd at 2 dunnell wedi'u llwytho)	30 (48)	60 (96)	70 (112)	70 (112)
Ceir sy'n tynnu carafannau neu ôl-gerbydau (gan gynnwys faniau sy'n deillio o geir a beiciau modur)	30 (48)	50 (80)	60 (96)	60 (96)
Bysiau, bysiau moethus a bysiau mini (sy'n llai na 12 metr o hyd i gyd)	30 (48)	50 (80)	60 (96)	70 (112)
Cerbydau nwyddau (sy'n pwyso llai na 7.5 tunnell wedi'u llwytho)	30 (48)	50 (80)	60 (96)	70† (112)
Cerbydau nwyddau (sy'n pwyso dros 7.5 tunnell wedi'u llwytho) yng Nghymru a Lloegr	30 (48)	50 (80)	60 (96)	60 (96)
Cerbydau nwyddau (sy'n pwyso dros 7.5 tunnell wedi'u llwytho) yn yr Alban	30 (48)	40 (64)	50 (80)	60 (96)

* Mae'r cyfyngiad 30 mya fel arfer yn berthnasol i'r holl draffig ar yr holl fyrdd â goleuadau.

† 60 mya (96 km/awr) os yw'n gerbyd cymalog neu'n tynnu ôl gerbyd.

Cyfyngiadau cyflymder

124 **RHAID I CHI BEIDIO** â mynd yn gyflymach na'r cyfyngiadau cyflymder uchaf ar gyfer y ffordd a'ch cerbyd (gweler y tabl ar dudalen 40). Os oes goleuadau stryd ar ochr y ffordd yna, fel arfer, mae cyfyngiad cyflymder o 30 mya (48 km/awr) mewn grym, oni nodir yn wahanol.

Cyfraith RTRA adrannau 81, 86, 89 ac atodlen 6 (fel y'i diwygiwyd gan y rheoliadau MV(VSL)(E&W) 2014)

125 Y cyfyngiad cyflymder yw'r uchafswm absoliwt ac nid yw'n golygu ei bod yn ddiogel gyrru ar y cyflymder hwnnw beth bynnag fo'r amgylchiadau. Mae gyrru'n rhy gyflym i'r ffordd a'r amodau traffig yn beryglus. Dylech bob amser leihau eich cyflymder

- pan fydd trefn neu gyflwr y ffordd yn creu perygl, megis corneli
- wrth rannu'r ffordd â cherddwyr, seiclwyr a phobl ar gefn ceffylau, yn enwedig plant, a beicwyr modur
- pan fydd y tywydd yn golygu ei bod yn fwy diogel gwneud hynny
- wrth yrru yn y nos gan ei bod yn fwy anodd gweld defnyddwyr eraill y ffordd.

Rheol 126
Defnyddiwch bwynt sefydlog i'ch helpu i fesur bwlch o ddwy eiliad

2 eiliad

126 **Pellteroedd stopio.** Gyrrwch ar gyflymder fydd yn caniatáu i chi stopio'n rhwydd o fe wn y pellter y gallwch weld ei fod yn glir. Dylech

- adael digon o le rhyngoch a'r cerbyd o'ch blaen fel bod modd i chi stopio'n ddiogel os bydd yn arafu neu'n stopio'n sydyn. Y rheol ddiogel yw peidio byth â mynd yn

Pellteroedd Stopio Nodweddiadol

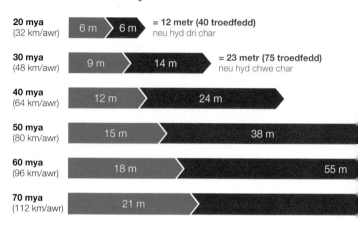

20 mya
(32 km/awr)
6 m / 6 m
= 12 metr (40 troedfedd)
neu hyd dri char

30 mya
(48 km/awr)
9 m / 14 m
= 23 metr (75 troedfedd)
neu hyd chwe char

40 mya
(64 km/awr)
12 m / 24 m

50 mya
(80 km/awr)
15 m / 38 m

60 mya
(96 km/awr)
18 m / 55 m

70 mya
(112 km/awr)
21 m

agosach na'r pellter stopio cyffredinol (gweler y diagram Pellteroedd Stopio Nodweddiadol uchod)

- gadael o leiaf ddwy eiliad o fwlch rhyngoch chi a'r cerbyd o'ch blaen ar ffyrdd sy'n cludo traffig cyflymach ac mewn twneli lle na ellir gweld cystal. Dylech ddyblu'r bwlch o leiaf ar ffyrdd gwlyb, a'i gynyddu ymhellach fyth ar ffyrdd rhewllyd

- cofiwch, mae angen mwy o bellter ar gerbydau mawr a beiciau modur i stopio. Os ydych yn gyrru cerbyd mawr mewn twnnel, dylech ganiatáu bwlch pedair eiliad rhyngoch chi a'r cerbyd o'ch blaen.

Os oed rhaid i chi stopio mewn twnnel, dylech adael 5 metr o fwlch rhyngoch chi a'r cerbyd o'ch blaen.

Pa rannau o'ch cerbyd sy'n rhaid i chi eu cadw'n glir o eira?

Trowch i reol 229 (tudalen 77)

Canllaw cyffredinol yw'r pellteroedd isod. Bydd y pellteroedd yn dibynnu ar ba mor effro ydych chi (pellter meddwl), arwyneb y ffordd, y tywydd a chyflwr eich cerbyd ar y pryd.

Pellter Meddwl	Pellter Brecio

= **36 metr (118 troedfedd)**
neu hyd naw car

Cyfartaledd hyd car = 4 metr (13 troedfedd)

= **53 metr (175 troedfedd)**
neu hyd dri char ar ddeg

= **73 metr (240 troedfedd)**
neu hyd ddeunaw car

75 m

= **96 metr (315 troedfedd)**
neu hyd bedwar car ar hugain

Llinellau a marciau lonydd ar y ffordd

Dangosir diagramau o'r holl linellau ar dudalen 114.

127 **Llinell wen fylchog.** Mae hon yn dynodi canol y ffordd. Pan fydd y llinell hon yn ymestyn a'r bylchau'n mynd yn fyrrach, mae'n golygu bod perygl o'ch blaen. Peidiwch â'i chroesi nes eich bod yn gweld bod y ffordd yn glir ymhell o'ch blaen a'ch bod yn dymuno pasio neu droi i ffwrdd.

128 **Llinellau gwyn dwbl - mae'r llinell agosaf atoch yn fylchog.** Mae hyn yn golygu bod hawl gennych i groesi'r llinellau i basio os yw'n ddiogel, ar yr amod y gallwch gwblhau'r symudiad cyn cyrraedd llinell wen ddi-dor ar eich ochr chi. Mae saethau pwyntio gwynion ar y ffordd yn dynodi bod angen i chi fynd yn ôl i'ch ochr chi o'r ffordd.

129 **Llinellau gwyn dwbl - mae'r llinell agosaf atoch yn ddi-dor. RHAID I CHI BEIDIO** â'i chroesi na gyrru bob ochr iddi oni bai ei bod yn ddiogel a bod angen i chi fynd i mewn i eiddo neu ffordd ochr gyffiniol. Gallwch groesi'r llinell os oes rhaid, a bod y ffordd yn glir, i basio cerbyd sy'n sefyll yn ei unfan, neu i basio beic pedlo, ceffyl neu gerbyd cynnal a chadw ffyrdd, os ydynt yn teithio ar 10 mya (16 km/awr) neu lai.

Cyfreithiau RTA 1988 adran 36 a TSRGD rheoliadau 10 a 26

130 **Rhannau o'r ffordd wedi'u peintio â streipiau gwyn lletraws** neu linellau onglog. Bwriad y rhain yw gwahanu lonydd traffig neu ddiogelu traffig sy'n troi i'r dde.

- Os ydynt wedi'u hamgylchu â llinell wen fylchog, ni ddylech fynd i'r rhan hon o'r ffordd oni bai bod rhaid ichi a'ch bod yn gallu gweld ei bod yn ddiogel i chi wneud hynny.

- Os ydynt wedi'u marcio â llinellau onglog ac wedi'u hamgylchu â llinellau gwyn di-dor **RHAID I CHI BEIDIO** â mynd i'r rhan hon o'r ffordd ac eithrio mewn argyfwng.

Cyfreithiau MT(E&W)R rheoliadau 5, 9, 10 a 16, MT(S)R rheoliadau 4, 8, 9 a 14, RTA adran 36 a TSRGD 10(1)

131 **Rhaniadau lonydd.** Llinellau gwyn byr, bylchog yw'r rhain a defnyddir nhw ar ffyrdd llydan i'w rhannu'n lonydd. Dylech gadw oddi mewn iddynt.

Rheol 132
Mae stydiau adlewyrchol ar y ffordd yn marcio'r lonydd ac ymylon y ffordd

132 Gall **stydiau adlewyrchol ar y ffordd** gael eu defnyddio gyda llinellau gwynion.

- Mae stydiau gwyn yn dynodi'r lonydd neu ganol y ffordd.

- Mae stydiau coch yn dynodi ymyl chwith y ffordd.

- Mae stydiau ambr yn dynodi llain ganol ffordd ddeuol neu drafffordd.

- Mae stydiau gwyrdd yn dynodi ymyl y brif lôn mewn cilfannau a slipffyrdd.

- Mae stydiau gwyrdd/melyn yn dynodi addasiadau dros dro i gynllun y lonydd, e.e. os oes gwaith yn cael ei wneud ar y ffordd.

Ffyrdd aml-lôn

Disgyblaeth lonydd

133 Os ydych chi am newid lôn, y peth cyntaf i'w wneud yw defnyddio'ch drychau, ac os oes angen, taflu cipolwg sydyn i'r ochr i sicrhau na fyddwch yn gorfodi defnyddiwr arall y ffordd i newid cyfeiriad neu gyflymder. Pan fydd yn ddiogel i chi wneud hynny, rhowch arwydd i ddangos i ddefnyddwyr eraill y ffordd beth yw eich bwriad a phan fydd yn glir, symudwch draw.

134 Dylech ddilyn yr arwyddion a'r marciau ar y ffordd a symud i'r lôn yn ôl y cyfarwyddyd. Pan fydd tagfa ar y ffordd, peidiwch â newid lôn yn ddiangen. Argymhellir cyfuno un ar ôl y llall, ond dim ond os yw'n ddiogel ac yn briodol i wneud hynny pan fo cerbydau yn teithio ar gyflymder isel iawn, e.e. wrth agosáu at waith ar y ffordd neu ddigwyddiad traffig ar y ffordd. Ni argymhellir hyn ar gyflymder uchel.

Ffordd sengl

135 Lle bydd tair lôn ar ffordd sengl ac nad yw'r arwyddion na'r marciau ar y ffordd yn rhoi blaenoriaeth i draffig o'r naill gyfeiriad na'r llall

- dim ond i basio neu i droi i'r dde y dylech ddefnyddio'r lôn ganol. Cofiwch, does dim mwy o hawl gennych i ddefnyddio'r lôn ganol na gyrrwr sy'n dod o'r cyfeiriad arall

- peidiwch â defnyddio'r lôn ar y dde.

136 Lle bydd pedair neu ragor o lonydd ar ffordd sengl, dim ond y lonydd sy'n cael eu dangos gan arwyddion neu farciau y dylech eu defnyddio.

Ffyrdd deuol

Ffordd ddeuol yw ffordd gyda llain ganol yn rhannu'r lonydd.

137 Ar ffordd ddeuol ddwy lôn, dylech aros yn y lôn chwith. Defnyddiwch y lôn dde i basio neu droi i'r dde. Ar ôl pasio, symudwch yn ôl i'r lôn chwith pan fydd yn ddiogel i wneud hynny.

138 Ar ffordd ddeuol dair lôn, gallwch ddefnyddio'r lôn ganol neu'r lôn dde i basio ond dylech ddychwelyd i'r lôn ganol ac yna i'r lôn chwith pan fydd yn ddiogel.

139 **Lonydd dringo a lonydd araf.** Caiff y rhain eu darparu ar rai rhiwiau. Defnyddiwch y lôn hon os ydych yn gyrru cerbyd sy'n symud yn araf neu os oes cerbydau y tu ôl i chi sydd am eich pasio. Cadwch olwg am arwyddion a marciau ar y ffordd sy'n dynodi bod y lôn ar fin dod i ben.

140 **Lonydd beiciau.** Mae'r rhain yn cael eu dynodi gan farciau ar y ffordd ac arwyddion. **RHAID I CHI BEIDIO** â gyrru na pharcio ar lôn feiciau sydd wedi'i dynodi â llinell wen ddi-dor pan fydd yn cael ei defnyddio. Peidiwch â gyrru na pharcio ar lôn feiciau sydd wedi'i dynodi â llinell wen fylchog oni bai nad oes modd osgoi hynny. **RHAID I CHI BEIDIO** â pharcio ar unrhyw lôn feiciau tra bydd cyfyngiadau aros mewn grym.

Cyfraith RTRA adrannau 5 a 8

141 **Lonydd bysiau.** Dynodir y rhain gan farciau ar y ffordd ac arwyddion sy'n dangos pa gerbydau eraill (os o gwbl) sy'n cael defnyddio'r lôn fysiau. Oni nodir fel arall, ni ddylech chi yrru ar lôn fysiau yn ystod y cyfnod y mae mewn grym. Cewch fynd ar lôn fysiau er mwyn stopio, llwytho neu ddadlwytho os nad yw hyn wedi'i wahardd.

142 **Lonydd ar gyfer cerbydau gyda mwy nag un person ynddynt a lonydd dynodedig ar gyfer cerbydau eraill.** Gall cyfyngiadau fod mewn grym ar rai lonydd sy'n cyfyngu mathau penodol o gerbydau rhag eu defnyddio; gall y cyfyngiadau hyn fod mewn grym drwy'r amser neu ar brydiau. Dynodir ar yr arwyddion traffig cyfagos ar ba amseroedd y mae'r cyfyngiadau hyn mewn grym a'r mathau o gerbydau. **RHAID I CHI BEIDIO** â gyrru ar y lonydd hyn yn ystod yr amseroedd y mae'r cyfyngiadau mewn grym oni bai bod yr arwyddion yn caniatáu'r math o gerbyd sydd gennych chi (gweler tudalen 112).

Gall cerbydau sydd â hawl i ddefnyddio'r lonydd dynodedig gynnwys beics, bysiau, tacsis, cerbydau hurio preifat trwyddedig, beiciau modur, cerbydau nwyddau trwm (HGV) a cherbydau gyda mwy nag un person ynddynt.

Pan fo'r lonydd ar gyfer cerbydau gyda mwy nag un person ynddynt mewn grym, yr **UNIG RAI** gaiff eu defnyddio yw

- cerbydau sy'n cynnwys o leiaf y nifer lleiaf o bobl a ddynodir ar yr arwyddion traffig

- unrhyw gerbydau eraill, megis bysiau a beiciau modur, yn ôl yr hyn a ddangosir ar yr arwyddion cyn i'r lôn gychwyn, waeth faint o bobl sydd ynddynt.

Cyfreithiau RTRA adrannau 5 a 8, a RTA 1988, adran 36

143 **Strydoedd unffordd. RHAID** i draffig lifo i'r cyfeiriad a ddangosir gan arwyddion. Efallai y bydd lôn wrthlif i fysiau a/ neu feiciau. Dewiswch y lôn gywir ar gyfer eich allanfa mor fuan ag y gallwch. Peidiwch â newid lonydd yn sydyn. Oni bai bod arwyddion neu farciau ar y ffordd yn dynodi fel arall, dylech ddefnyddio

- y lôn chwith wrth fynd i'r chwith
- y lôn dde wrth fynd i'r dde
- y lôn fwyaf priodol wrth fynd yn syth ymlaen

Cofiwch - gallai'r traffig fod yn pasio ar y naill ochr a'r llall.

Cyfreithiau RTA 1988 adran 36 a RTRA adrannau 5 ac 8

Cyngor cyffredinol

144 **RHAID I CHI BEIDIO** â

- gyrru'n beryglus
- gyrru heb ofal a sylw digonol
- gyrru heb roi ystyriaeth resymol i ddefnyddwyr eraill y ffordd.

Cyfraith RTA 1988 adrannau 2 a 3 fel y'i diwygiwyd gan RTA 1991

145 **RHAID I CHI BEIDIO** â gyrru ar, na thros balmant, llwybr troed na llwybr ceffyl ac eithrio i gael mynediad cyfreithiol i eiddo, neu mewn argyfwng.

Cyfreithiau HA 1835 adran 72 a RTA 1988 adran 34

146 **Addaswch eich gyrru** i'r math o ffordd yr ydych yn gyrru ar ei hyd a'i chyflwr. Yn benodol

- peidiwch ag edrych ar gyfyngiadau cyflymder fel targed. Yn aml, nid yw'n briodol nac yn ddiogel gyrru ar gyflymder uchaf y cyfyngiad
- ystyriwch y ffordd a'r amodau traffig. Byddwch yn barod ar gyfer sefyllfaoedd annisgwyl neu anodd, er enghraifft, rhwystr ar y ffordd yr ochr draw i gornel ddall. Byddwch yn barod i addasu'ch cyflymder rhag ofn

- lle mae cyffyrdd, byddwch yn barod am ddefnyddwyr y ffordd yn dod ohonynt

- ar ffyrdd cefn a lonydd cefn gwlad gwyliwch am gyffyrdd sydd heb eu marcio lle nad oes gan neb flaenoriaeth

- byddwch yn barod i stopio, yn ôl y gofyn, ger systemau rheoli traffig, croesfannau i gerddwyr, goleuadau traffig neu os oes gwaith ar y ffordd

- ceisiwch ragweld beth allai cerddwyr a seiclwyr ei wneud. Os bydd cerddwyr, yn enwedig plant, yn edrych i'r cyfeiriad arall, gallent gamu i'r ffordd heb eich gweld.

 147 **Byddwch yn ystyriol.** Byddwch yn ofalus ac ystyriol o bob math o ddefnyddwyr y ffordd, yn enwedig y rhai sydd angen gofal ychwanegol (gweler Rheol 204).

- **RHAID I CHI BEIDIO** taflu unrhyw beth allan o gerbyd; er enghraifft, bwyd neu ddeunydd pecynnu bwyd, bonion sigaréts, caniau, papur neu fagiau plastig. Gall hyn beryglu defnyddwyr eraill y ffordd, yn arbennig beicwyr modur a seiclwyr.

- Ceisiwch fod yn oddefgar os bydd defnyddwyr eraill y ffordd yn achosi problemau; efallai eu bod yn ddibrofiad neu nad ydynt yn adnabod yr ardal yn dda.

- Byddwch yn amyneddgar; cofiwch fod pawb yn gallu gwneud camgymeriad.

- Peidiwch â chynhyrfu na chael eich tynnu i mewn i'r sefyllfa os bydd rhywun yn camymddwyn ar y ffordd. Dim ond gwneud y sefyllfa'n waeth fyddai hynny. Tynnwch i'r ochr, ymdawelwch, a phan fyddwch yn teimlo eich bod wedi ymlacio, parhewch â'ch siwrnai.

- Arafwch a dal yn ôl os oes defnyddiwr ffordd yn tynnu allan i'ch llwybr wrth gyffyrdd. Gadewch iddynt dynnu'n glir. Peidiwch â gorymateb drwy yrru'n rhy agos y tu ôl iddynt yn fygythiol

Cyfraith EPA 1990 adran 87

148 **Rhaid canolbwyntio i yrru a beicio'n ddiogel.** Dylech osgoi pethau sy'n tynnu eich sylw wrth yrru neu feicio, megis

- cerddoriaeth uchel (gall guddio synau eraill)

- ceisio darllen mapiau

- rhoi casét neu CD ymlaen neu diwnio'r radio

- dadlau â'ch cyd-deithwyr neu ddefnyddwyr eraill y ffordd
- bwyta ac yfed
- ysmygu.

RHAID I CHI BEIDIO âg ysmygu mewn cerbydau cludiant cyhoeddus nac ychwaith, dan rai amgylchiadau penodol, mewn cerbydau a ddefnyddir at ddibenion gwaith. Mae rheoliadau gwahanol mewn grym yng Nghymru, Lloegr a'r Alban.

Cyfreitiau TSf(EV) rheoliadau 2007, TSfP(W) rheoliadau 2007 a TPSCP(S) rheoliadau 2006

Ffonau symudol a thechnoleg yn y cerbyd

149 **RHAID** i chi gadw'ch cerbyd o dan reolaeth briodol bob amser. **RHAID I CHI BEIDIO** â defnyddio ffôn symudol sy'n cael ei ddal â llaw, na dyfais debyg, wrth yrru nac wrth oruchwylio gyrrwr sy'n dysgu, ac eithrio i alw 999 neu 112 mewn argyfwng gwirioneddol a'i bod yn beryglus neu'n anymarferol i stopio. Peidiwch byth â defnyddio microffon sy'n cael ei ddal â llaw wrth yrru. Mae defnyddio offer dim-dwylo hefyd yn debygol o dynnu'ch sylw oddi ar y ffordd. Mae'n llawer mwy diogel peidio â defnyddio unrhyw ffôn tra'r ydych yn gyrru neu'n beicio - chwiliwch am fan diogel i stopio yn gyntaf neu defnyddiwch y peiriant ateb a gwrandewch ar y negeseuon yn nes ymlaen.

Cyfreithiau RTA 1988 adrannau 2 a 3 a CUR rheoliadau 104 a 110

150 Mae perygl y bydd sylw'r gyrrwr yn cael ei dynnu gan systemau o fewn y cerbyd megis systemau llywio llwybr, systemau rhybuddio am dagfeydd, Cyfrifiaduron personol, peiriannau amlgyfrwng ayb. **RHAID** i chi gadw'ch cerbyd o dan reolaeth briodol bob amser. Peidiwch â dibynnu ar systemau i gynorthwyo gyrrwyr megis rheolydd cyflymder sefydlog (cruise control) neu system rybuddio os ydych yn gwyro oddi ar y lôn. Maent yno i'ch cynorthwyo, ond rhaid i chi barhau i ganolbwyntio yr un fath. Peidiwch â gadael i fapiau neu wybodaeth ar y sgrin (megis systemau llywio neu reoli cerbyd) dynnu eich sylw wrth yrru neu feicio. Os bydd rhaid, chwiliwch am le diogel i stopio.

Cyfreithiau RTA 1988 adrannau 2 a 3 a CUR rheoliad 104

Rheol 151
Peidiwch â blocio mynediad i ffordd gefn

 Mewn traffig sy'n symud yn araf. Dylech

- leihau'r pellter rhyngoch chi a'r cerbyd o'ch blaen er mwyn cynnal llif y traffig

- peidio byth â mynd mor agos at y cerbyd o'ch blaen fel na allwch stopio'n ddiogel

- gadael digon o le i allu symud os bydd y cerbyd o'ch blaen yn torri lawr neu os bydd angen i gerbyd argyfwng fynd heibio

- peidio â newid lonydd i'r chwith er mwyn pasio

- gadael mynediad i mewn ac allan o ffyrdd cefn, gan y bydd rhwystro'r rhain yn ychwanegu at y dagfa

- byddwch yn ymwybodol o seiclwyr a beicwyr modur a all fod yn pasio ar y naill ochr neu'r llall.

Gyrru mewn ardaloedd adeiledig

 Strydoedd preswyl. Dylech yrru'n araf ac yn ofalus ar strydoedd lle mae'n debygol y bydd cerddwyr, seiclwyr a cheir wedi'u parcio. Mewn rhai ardaloedd, gallai cyfyngiad cyflymder o 20 mya (32 km/awr) fod mewn grym. Gwyliwch am

- gerbydau yn dod o gyffyrdd neu ddreifiau

- cerbydau sy'n symud i ffwrdd

- drysau ceir yn agor

- cerddwyr

- plant yn rhedeg allan rhwng ceir wedi'u parcio

- seiclwyr a beicwyr modur.

153 **Dulliau tawelu traffig.** Ar rai ffyrdd mae nodweddion megis twmpathau, rhwystrau igam-ogamu a darnau sydd wedi'u culhau a fwriadwyd i'ch arafu. Pan fyddwch yn dod at un o'r rhain, arafwch. Dylech adael lle i seiclwyr a beicwyr modur fynd drwyddynt. Cadwch eich cyflymder yn isel ar hyd y darn cyfan o ffordd sydd â'r dulliau tawelu hyn. Ildiwch i ddefnyddwyr ffordd sy'n dod tuag atoch os bydd arwyddion yn dweud wrthych am wneud hynny. Ni ddylech basio defnyddwyr eraill y ffordd sy'n symud tra byddwch yn yr ardaloedd hyn.

Rheol 153
Mae'n bosibl y bydd rhwystrau igam-ogamu yn cael eu defnyddio i gulhau'r ffordd er mwyn arafu'r traffig

Ffyrdd cefn gwlad

154 Cymerwch ofal arbennig ar ffyrdd cefn gwlad gan arafu wrth ddod at gorneli a allai fod yn dynnach nag y maent yn edrych, ac wrth gyffyrdd a throadau a allai fod wedi eu cuddio'n rhannol. Byddwch yn barod am gerddwyr, pobl ar gefn ceffylau, seiclwyr a cherbydau amaethyddol araf ar y ffordd neu fwd ar wyneb y ffordd. Gwnewch yn siŵr eich bod yn gallu stopio gan adael lle o'ch blaen sy'n ymddangos yn glir o rwystrau. Dylech hefyd arafu lle mae ffyrdd cefn gwlad yn mynd i mewn i bentrefi.

Pryd allwch chi ddefnyddio ffôn symudol yn eich car?

Trowch i reol 149 (tudalen 49)

155 **Ffyrdd un trac.** Mae'r rhain ddim ond yn ddigon llydan i un cerbyd. Mae'n bosibl y bydd mannau pasio arbennig arnynt. Os ydych yn gweld cerbyd yn dod tuag atoch, neu os bydd y gyrrwr y tu ôl i chi am basio, dylech dynnu i mewn i fan pasio ar y chwith neu aros gyferbyn â man pasio ar y dde. Ildiwch i gerbydau sy'n dod i fyny rhiwiau pryd bynnag y gallwch. Os oes rhaid, baciwch yn ôl nes cyrraedd man pasio i adael i'r cerbyd arall fynd heibio. Arafwch wrth basio cerddwyr, seiclwyr a phobl ar gefn ceffylau.

156 Peidiwch â pharcio mewn mannau pasio.

Cerbydau sydd wedi'u gwahardd rhag cael eu defnyddio ar ffyrdd a phalmentydd

157 Nid yw rhai cerbydau modur yn cwrdd â'r gofynion o ran gwneuthruriad na'r gofynion technegol ar gyfer cerbydau ffordd ac, yn gyffredinol, nid ydynt wedi'u bwriadu ac nid ydynt yn addas nac yn gyfreithiol i'w defnyddio ar ffyrdd, palmentydd, llwybrau cerdded, llwybrau beiciau neu lwybrau i geffylau. Mae'r rhain yn cynnwys y rhan fwyaf o feiciau modur bychan (fe'u gelwir hefyd yn 'mini motos') a sgwteri modur bychan (fe'u gelwir hefyd yn 'go peds') sy'n cael eu gyrru gan injan drydan neu injan tanio mewnol. **RHAID I CHI BEIDIO** â defnyddio'r mathau hyn o gerbydau ar ffyrdd, palmentydd, llwybrau cerdded na llwybrau i geffylau.

Cyfreithiau RTA 1988 adrannau 34, 41a, 42, 47, 63 a 66, HA 1835, adran 72, a R(S)A adran 129

158 Mae rhai modelau o feiciau modur, beiciau modur tair olwyn a beiciau modur pedair olwyn (fe'u gelwir hefyd yn feiciau cwad), ddim ond yn addas ar gyfer eu defnyddio oddi-ar-y-ffordd ac nid ydynt yn bodloni'r safonau cyfreithiol ar gyfer eu defnyddio ar y ffyrdd. **RHAID I CHI BEIDIO** â defnyddio'r cerbydau hynny ar y ffordd os nad ydynt yn bodloni'r safonau hynny. **RHAID I CHI BEIDIO** â'u defnyddio ar balmentydd, llwybrau cerdded, llwybrau beiciau na llwybrau i geffylau chwaith. **RHAID** i chi wneud yn *siŵr* bod unrhyw feic modur, beic modur tair olwyn, beic modur pedair olwyn, neu unrhyw gerbyd modur arall, yn bodloni'r safonau cyfreithiol a'u bod wedi'u cofrestru, eu trethu a'u hyswirio'n briodol cyn eu defnyddio ar y ffordd. Hyd yn oed os yw cerbydau wedi'u cofrestru, eu trethu a'u hyswirio ar gyfer eu defnyddio ar y ffordd, **RHAID I CHI BEIDIO** â'u defnyddio ar balmentydd.

Cyfreithiau RTA 1988 adrannau 34, 41a, 42, 47, 63, 66 a 156, HA 1835, adran 72, R(S)A adran 129, a VERA adrannau 1, 29, 31A, a 43A

Defnyddio'r ffordd

Rheolau cyffredinol

Cyn dechrau symud dylech

- ddefnyddio pob drych i wneud yn siŵr fod y ffordd yn glir
- edrych o'ch cwmpas yn y mannau dall (y mannau hynny nad ydych yn gallu eu gweld yn y drychau)
- rhoi arwydd os oes rhaid cyn symud allan
- edrych yn ôl am y tro olaf.

Peidiwch â dechrau symud oni bai ei bod yn ddiogel i wneud hynny.

Rheol 159
Edrychwch yn y man dall cyn dechrau symud

Unwaith i chi ddechrau symud dylech

- gadw i'r chwith, oni bai bod arwyddion neu farciau ar y ffordd yn dynodi fel arall. Yr eithriadau yw pan fyddwch am basio, troi i'r dde neu fynd heibio cerbydau wedi'u parcio neu gerddwyr ar y ffordd
- cadw reit i'r chwith ar gorneli i'r dde. Byddwch yn gallu gweld y ffordd yn well a bydd yn help i osgoi'r risg o wrthdrawiad â thraffig sy'n dod tuag atoch o'r cyfeiriad arall
- gyrru gan gadw eich dwy law ar y llyw lle bo'n bosibl. Bydd hyn yn help i chi gadw rheolaeth lwyr dros eich cerbyd bob amser
- bod yn ymwybodol o ddefnyddwyr eraill y ffordd, yn enwedig beiciau a beiciau modur a all fod yn gwau'u ffordd drwy'r traffig. Mae'r rhain yn fwy anodd eu gweld na cherbydau mwy ac mae'r bobl sy'n ei gyrru yn neilltuol

o ddiamddiffyn. Rhowch ddigon o le iddynt, yn enwedig os ydych yn gyrru cerbyd hir neu'n tynnu ôl-gerbyd

- dewis gêr isel cyn i chi gyrraedd llethr hir i lawr rhiw. Bydd hyn yn help i chi reoli eich cyflymder

- cofio, wrth dowio, y bydd yr hyd ychwanegol yn effeithio ar eich gallu i basio a symud. Bydd y pwysau ychwanegol hefyd yn effeithio ar y brecio a'r cyflymu.

 161 **Drychau.** Dylech ddefnyddio pob drych yn effeithiol ar hyd eich taith. Dylech

- ddefnyddio'r drychau'n aml fel eich bod yn gwybod bob amser beth sydd y tu ôl i chi ac ar y naill ochr a'r llall i chi

- eu defnyddio mewn da bryd cyn rhoi arwydd neu cyn newid cyfeiriad neu gyflymder

- bod yn ymwybodol nad yw'r drychau'n dangos pob man ac y bydd yna fannau dall. Bydd angen i chi edrych o'ch cwmpas a gwneud yn *siŵr*.

Cofiwch: Drychau - Rhoi Arwydd - Symud

Pasio

162 **Cyn pasio** dylech wneud yn siŵr

- bod y ffordd yn ddigon clir o'ch blaen

- nad oes defnyddwyr ffordd yn dechrau eich pasio chi

- bod bwlch digonol o flaen y defnyddiwr ffordd yr ydych yn bwriadu'i basio.

Pwy sydd raid i chi ufuddhau iddynt pan fyddant yn cyfeirio traffig?

Trowch i reol 105-108 (tudalen 35)

Dim ond pan fydd yn ddiogel ac yn gyfreithlon i basio y dylech wneud hynny. Dylech

- beidio â mynd yn rhy agos at y cerbyd yr ydych yn bwriadu'i basio

- defnyddio eich drychau, rhoi arwydd pan fydd yn ddiogel i wneud hynny, taro cipolwg sydyn os oes angen ar y man dall ac yna dechrau symud allan

- peidio â chymryd yn ganiataol y gallwch ddilyn cerbyd o'ch blaen sy'n pasio; mae'n bosibl nad oes ond digon o le i un cerbyd

- symud heibio'n gyflym i'r cerbyd yr ydych yn ei basio, unwaith i chi ddechrau pasio. Gadewch ddigon o le. Symudwch yn ôl i'r chwith cyn gynted â phosibl ond peidiwch â thorri i mewn

Rheol 163
Rhoi o leiaf gymaint o le i ddefnyddwyr fordd sydd fwyaf agored i niwed ag y byddech yn ei roi i gar

- cymryd gofal arbennig yn y nos ac mewn gwelededd gwael pan fydd yn fwy anodd barnu cyflymder a phellter

- ildio i gerbydau sy'n dod tuag atoch cyn pasio cerbydau wedi'u parcio neu rwystrau eraill ar eich ochr chi o'r ffordd

- pasio ar y chwith dim ond os yw'r cerbyd o'ch blaen wedi rhoi arwydd ei fod yn troi i'r dde, a bod digon o le i wneud hynny

- aros yn eich lôn os bydd y traffig yn symud yn araf mewn ciwiau. Os bydd y ciw ar y dde yn symud yn arafach na chi, gallwch basio ar y chwith

- rhoi o leiaf gymaint o le i feicwyr modur, seiclwyr a phobl ar gefn ceffylau ag y byddech yn ei roi i gar wrth basio (gweler Rheolau 211-215).

Cofiwch: Drychau - Rhoi Arwydd - Symud

Cerbydau mawr. Mae pasio'r rhain yn fwy anodd. Dylech

- ddal yn ôl. Bydd hyn yn cynyddu eich gallu i weld ymlaen a dylai hyn alluogi gyrrwr y cerbyd mawr i'ch gweld yn ei ddrychau. Bydd symud yn rhy agos at gerbyd mawr, gan gynnwys cerbydau amaethyddol megis tractor gydag ôl-gerbyd neu ddarn o offer yn sownd iddo, yn golygu nad ydych yn gallu gweld cymaint o'r ffordd o'ch blaen a gallai fod cerbyd arall sy'n symud yn araf o flaen hwnnw

Rheol 164
Peidiwch
â thorri i
mewn yn rhy
sydyn

- gwneud yn *siŵr* fod gennych ddigon o le i gwblhau'ch symudiad pasio cyn mentro. Mae'n cymryd mwy o amser i fynd heibio i gerbyd mawr. Os nad ydych yn sicr, peidiwch â phasio

- peidio â chymryd yn ganiataol y gallwch ddilyn cerbyd o'ch blaen sy'n pasio cerbyd hir. Os bydd problem yn datblygu, efallai y bydd yn rhoi'r gorau i'r ymgais ac yn tynnu'n ôl.

RHAID I CHI BEIDIO â phasio

- os byddai rhaid i chi groesi neu yrru bob ochr i linellau gwyn dwbl sydd â llinell ddi-dor agosaf atoch chi (ond gweler Rheol 129)

- os byddai rhaid i chi fynd i ardal sydd wedi ei bwriadu i rannu'r traffig, os yw wedi ei hamgylchynu â llinell wen ddi-dor

- y cerbyd agosaf at groesfan i gerddwyr, yn enwedig pan fydd wedi stopio i adael i gerddwyr groesi

- os byddai rhaid i chi fynd ar lôn sydd wedi'i chadw ar gyfer bysiau, tramiau neu feiciau yn ystod yr oriau pan fydd yn cael ei defnyddio
- ar ôl arwydd "Dim Pasio" nes byddwch yn mynd heibio arwydd sy'n diddymu'r cyfyngiad.

Cyfreithiau RTA 1988 adran 36, TSRGD rheoliadau 10, 22, 23 a 24, ZPPPCRGD rheoliad 24

 PEIDIWCH â phasio os oes unrhyw amheuaeth, neu lle na allwch weld yn ddigon pell o'ch blaen i fod yn *siŵr* a yw'n ddiogel. Er enghraifft, pan fyddwch yn agosáu at

- gornel neu dro
- pont gefngrwm
- ael bryn.

 PEIDIWCH â phasio lle gallech wrthdaro â defnyddwyr eraill y ffordd. Er enghraifft

- wrth ddod at gyffordd ar y naill ochr neu'r llall o'r ffordd
- lle mae'r ffordd yn culhau
- wrth ddod at batrôl croesfan ysgol
- rhwng ymyl y palmant a bws neu dram pan fydd wedi stopio
- lle mae traffig yn ciwio wrth gyffordd neu waith ffordd
- os byddech yn gorfodi defnyddiwr arall y ffordd i wyro neu arafu
- wrth groesfan reilffordd
- pan fydd defnyddiwr ffordd yn rhoi arwydd i'r dde, hyd yn oed os ydych yn credu y dylai'r arwydd fod wedi cael ei ganslo. Peidiwch â mentro, arhoswch nes i'r arwydd gael ei ganslo
- os ydych yn dilyn seiclwr wrth agosáu at gylchfan neu gyffordd, a'ch bod chi am droi i'r chwith, dylech aros y tu ôl iddo
- os yw tram yn sefyll ger man stopio ar ymyl y palmant i dramiau ac nid oes lôn basio wedi'i marcio ar gyfer traffig eraill.

168 **Cael eich pasio.** Os oes gyrrwr yn ceisio'ch pasio chi, dylech gadw at gwrs a chyflymder cyson, gan arafu os oes rhaid i chi adael i'r cerbyd fynd heibio. Peidiwch byth â rhwystro gyrwyr sydd am basio. Mae cyflymu neu yrru'n anwadal wrth i rywun eich pasio yn beryglus. Tynnwch yn ôl er mwyn sicrhau bwlch dwy eiliad os bydd rhywun yn pasio ac yn tynnu i mewn i fwlch o'ch blaen.

169 Peidiwch â dal ciw hir o draffig, yn enwedig os ydych yn gyrru cerbyd mawr neu gerbyd sy'n symud yn araf. Edrychwch yn eich drych yn aml ac, os oes rhaid, tynnwch i mewn i fan diogel i adael i'r traffig fynd heibio.

Cyffyrdd

170 Cymerwch ofal arbennig wrth gyffyrdd. Dylech

- wylio am seiclwyr, beicwyr modur, cadeiriau olwyn/ sgwteri symudedd â phŵer, a cherddwyr gan nad ydynt bob amser yn hawdd i'w gweld. Byddwch yn ymwybodol nad ydynt efallai wedi'ch gweld neu'ch clywed chi os ydych yn dod o'r tu ôl iddynt

- gwylio am gerddwyr sy'n croesi ffordd yr ydych yn troi i mewn iddi. Os ydynt wedi dechrau croesi, nhw sydd â'r flaenoriaeth, felly dylech ildio

- gwyliwch am gerbydau hirion a allai fod yn troi ar gyffordd o'ch blaen; efallai y bydd rhaid iddynt ddefnyddio holl led y ffordd er mwyn troi (gweler Rheol 221)

Rheol 170
Dylech ildio i gerddwyr sydd wedi dechrau croesi

- gwyliwch am bobl ar gefn ceffylau a all gymryd llinell wahanol ar y ffordd i'r un y byddech chi'n ei disgwyl

- peidio â rhagdybio, wrth aros wrth gyffordd, fod cerbyd sy'n dod o'r dde ac sy'n rhoi arwydd i'r chwith yn mynd i droi mewn gwirionedd. Arhoswch i wneud yn siŵr

- edrychwch i bob cyfeiriad cyn tynnu allan. Peidiwch â chroesi nac ymuno â ffordd nes bydd bwlch sy'n ddigon mawr i chi wneud hynny'n ddiogel

171 Wrth gyffordd ag arwydd "stop" a llinell wen, ddi-dor ar draws y ffordd, **RHAID** stopio y tu ôl i'r llinell. Arhoswch am fwlch diogel yn y traffig cyn dechrau symud.

Cyfreithiau RTA 1988 adran 36 a TSRGD rheoliadau 10 a 16

172 Gall fod arwydd "Ildiwch/Give Way" neu driongl wedi'i farcio ar y ffordd wrth ddod at gyffordd. **RHAID** i chi ildio i draffig ar y briffordd wrth ddod allan o gyffordd sydd â llinellau gwyn bylchog ar draws y ffordd.

Cyfreithiau RTA 1988 adran 36 a TSRGD rheoliadau 10(1),16(1) a 25

Rheol 173
Cofiwch asesu hyd eich cerbyd a pheidiwch â rhwystro'r traffig

173 **Ffyrdd deuol.** Wrth groesi neu droi i'r dde, dylech yn gyntaf asesu a yw'r llain ganol yn ddigon dwfn i amddiffyn hyd eich cerbyd yn ei gyfanrwydd.

- Os yw, dylech drin dwy hanner y ffordd ddeuol fel ffordd ar wahân. Arhoswch ar y llain galed nes bod bwlch diogel yn y traffig ar ail hanner y ffordd.

- Os nad yw'r llain ganol yn ddigon dwfn ar gyfer hyd eich cerbyd, arhoswch nes gallwch groesi'r ddwy lôn ar unwaith.

Rheol 174
Dim ond os yw'ch ffordd allan yn glir y dylech fynd i mewn i gyffordd sgwâr

174 **Cyffyrdd Sgwâr.** Mae gan y rhain linellau melyn cris-croes wedi'u peintio ar y ffordd (gweler tudalen 116). **RHAID I CHI BEIDIO** â mynd i mewn i'r sgwâr nes bydd eich ffordd allan neu'ch lôn allan yn glir. Fodd bynnag, gallwch fynd i'r sgwâr ac aros pan fyddwch am droi i'r dde ac mai dim ond traffig yn dod tuag atoch sy'n eich rhwystro rhag gwneud hynny, neu gerbydau eraill sy'n aros i droi i'r dde. Ar gylchfannau ag arwyddion arnynt **RHAID I CHI BEIDIO** â mynd i mewn i'r sgwâr oni bai eich bod yn gallu ei groesi'n gyfan gwbl heb stopio.
Cyfraith TSRGD rheoliadau 10(1) a 29(2)

Cyffyrdd a reolir gan oleuadau traffig
175 **RHAID** i chi stopio y tu ôl i'r llinell wen "Stop" ar draws eich ochr chi o'r ffordd oni bai bod y golau'n wyrdd. Os yw'r golau ambr yn ymddangos gallwch fynd yn eich blaen, ond dim ond os ydych wedi croesi'r llinell stopio'n barod neu eich bod mor agos ati fel y gallai stopio achosi gwrthdrawiad.
Cyfreithiau RTA 1988 adran 36 a TSRGD rheoliadau 10 a 36

176 **RHAID I CHI BEIDIO** â symud yn eich blaen dros y llinell wen pan fydd y golau coch i'w weld. Ewch yn eich blaen pan fydd y goleuadau traffig yn wyrdd, ond dim ond os oes lle i chi groesi'r gyffordd yn ddiogel neu eich bod yn cymryd eich priod le i droi i'r dde. Os nad yw'r goleuadau traffig yn gweithio, dylech drin y sefyllfa fel pe baech wrth gyffordd heb farciau a symud ymlaen yn ofalus iawn.

Cyfreithiau RTA 1988 adran 36 a TSRGD rheoliadau 10 a 36

177 **Saeth ffilter werdd**. Lôn ffilter yn unig sy'n cael ei dangos gan hon. Peidiwch â mynd i'r lôn honno oni bai eich bod am fynd i gyfeiriad y saeth. Gallwch fynd i gyfeiriad y saeth werdd pan fydd hi, neu'r golau gwyrdd llawn i'w weld. Rhowch le ac amser i draffig arall symud i'r lôn gywir, beicwyr yn arbennig.

Rheol 178
Peidiwch â chroesi drosodd yn ddiangen i'r ardal lle mae seiclwyr yn aros

178 **Blaen-linellau stopio.** Mae gan rai cyffyrdd sy'n cael eu rheoli gan signalau flaen-linellau stopio fel bod modd i seiclwyr gymryd eu lle o flaen gweddill y traffig. **RHAID** i fodurwyr, gan gynnwys beicwyr modur, stopio wrth y llinell wen gyntaf os yw'r golau yn ambr neu'n goch a dylent osgoi blocio'r ffordd neu groesi drosodd i'r ardal wedi'i marcio ar adegau eraill, e.e. os yw'r gyffordd o'u blaen wedi'i blocio. Os yw eich cerbyd wedi croesi'r llinell wen gyntaf pan fo'r signal yn troi'n goch, **RHAID** i chi stopio wrth yr ail linell wen, hyd yn oed os yw eich cerbyd yn yr ardal wedi'i farcio. Gadewch amser a lle i seiclwyr symud i ffwrdd pan fydd y golau gwyrdd yn ymddangos.

Cyfreithiau RTA 1988 adran 36 a TSRGD rheoliadau 10, 36(1) a 43(2)

Troi i'r dde
Ymhell cyn troi i'r dde, dylech

- ddefnyddio'ch drychau i wneud yn *siŵr* eich bod yn gwybod safle a symudiad y traffig y tu ôl i chi

- rhoi arwydd i droi i'r dde

- cymryd eich safle priodol ychydig i'r chwith o ganol y ffordd neu yn y man a nodir ar gyfer traffig sy'n troi i'r dde

- gadael lle i gerbydau eraill fynd heibio ar y chwith os yw'n bosibl.

Arhoswch nes bydd bwlch diogel rhyngoch ac unrhyw gerbyd sy'n dod tuag atoch. Gwyliwch am seiclwyr, beicwyr modur, cerddwyr a defnyddwyr eraill y ffordd. Edrychwch yn eich drychau ac i gyfeiriad y man dall unwaith eto i wneud yn *siŵr* nad oes neb yn eich pasio, yna gwnewch y tro. Peidiwch â thorri'r gornel. Cymerwch ofal mawr wrth droi i briffordd; bydd angen i chi wylio am draffig o'r ddau gyfeiriad ac aros am fwlch diogel.

Cofiwch: Drychau - Rhoi Arwydd - Symud

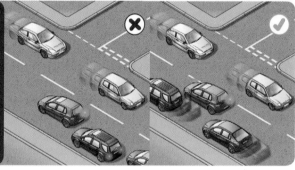

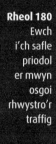

Rheol 180
Ewch i'ch safle priodol er mwyn osgoi rhwystro'r traffig

Wrth droi i'r dde ar groesffordd lle mae cerbyd sy'n dod tuag atoch hefyd yn troi i'r dde, mae gennych ddau ddewis

- trowch ochr dde i ochr dde; cadwch y cerbyd arall ar y dde i chi a throwch y tu ôl iddo. Dyma gan amlaf yw'r dull mwyaf diogel gan y gallwch weld yn glir a oes unrhyw draffig yn dod wrth gwblhau eich tro

- ochr chwith i ochr chwith, gan droi o flaen eich gilydd. Gall hyn eich rhwystro rhag gweld cerbydau sy'n dod, felly dylech gymryd gofal arbennig. Gall seiclwyr a beicwyr modur yn arbennig fod wedi'u cuddio o'ch golwg. Gall cynllun y ffordd, marciau ar y ffordd, neu safle'r cerbyd arall bennu pa ddewis ddylech chi ei gymryd.

Troi i'r chwith

Rheol 181
Troi ochr dde i ochr dde. Troi ochr chwith i ochr chwith

 182 Defnyddiwch eich drychau a rhowch arwydd i droi i'r chwith ymhell cyn i chi droi. Peidiwch â phasio rhywbeth yn union cyn ichi droi i'r chwith a gwyliwch am draffig sy'n dod i fyny ar y chwith i chi cyn i chi droi, yn enwedig wrth yrru cerbyd mawr. Gall seiclwyr, beicwyr modur a defnyddwyr eraill y ffordd yn arbennig fod wedi'u cuddio o'ch golwg.

Rheol 182
Peidiwch â thorri ar draws seiclwyr

 183 Wrth droi
- cadwch mor agos i'r chwith ag sy'n ddiogel ac yn ymarferol
- ildiwch i unrhyw gerbydau sy'n defnyddio lôn fysiau, lôn feiciau neu dramffordd o'r naill gyfeiriad a'r llall.

Cylchfannau

Wrth agosáu at gylchfan cymerwch sylw a gweithredwch ar yr holl wybodaeth sydd ar gael i chi, gan gynnwys arwyddion traffig, goleuadau traffig a marciau lôn sy'n eich cyfeirio at y lôn gywir. Dylech

- ddefnyddio **Drychau - Rhoi Arwydd - Symud** ar bob cam
- penderfynu mor fuan ag sy'n bosibl pa allanfa y mae gofyn i chi ei chymryd
- rhoi arwydd priodol (gweler Rheol 186). Amseru pryd fyddwch yn rhoi arwyddion fel nad ydych yn drysu defnyddwyr eraill y ffordd
- mynd i'r lôn gywir
- addasu eich cyflymder a'ch safle i gyd-fynd â'r amodau traffig
- bod yn ymwybodol o gyflymder a safle'r holl ddefnyddwyr ffordd o'ch cwmpas.

Wrth gyrraedd y gylchfan dylech

- roi blaenoriaeth i draffig sy'n dod o'r dde i chi, oni chyfarwyddir chi fel arall gan arwyddion, marciau ffordd neu oleuadau traffig
- edrych i weld a yw'r marciau ar y ffordd yn caniatáu i chi ymuno â'r gylchfan heb ildio. Os ydynt, ewch yn eich blaen ond dylech edrych i'r dde cyn ymuno serch hynny
- gwylio am holl ddefnyddwyr eraill y ffordd sydd eisoes ar y gylchfan; byddwch yn ymwybodol y gallent fod yn rhoi arwydd anghywir o bosibl, neu ddim arwydd o gwbl
- edrych yn eich blaen cyn dechrau symud i wneud yn *siŵr* bod y traffig o'ch blaen wedi symud.

Rheol 185
Dilynwch y drefn gywir ar gylchfannau

Rhoi arwyddion a safle.

Wrth gymryd yr allanfa gyntaf, oni fydd arwyddion neu farciau ar y ffordd yn dangos fel arall

- rhowch arwydd i'r chwith a dewch at y gylchfan yn y lôn chwith
- cadwch i'r chwith ar y gylchfan a daliwch i roi arwydd i'r chwith i adael.

Wrth gymryd allanfa i'r dde neu wrth fynd o amgylch y gylchfan yn llwyr, oni fydd arwyddion neu farciau ar y ffordd yn dangos fel arall

- rhowch arwydd i'r dde gan agosáu yn y lôn dde
- cadwch i'r dde ar y gylchfan nes bod angen i chi newid lôn i adael y gylchfan
- rhowch arwydd i'r chwith ar ôl i chi fynd heibio'r allanfa cyn yr un yr ydych chi ei heisiau.

Wrth gymryd unrhyw allanfa hanner ffordd, oni fydd arwyddion neu farciau ar y ffordd yn dangos fel arall,

- dewiswch y lôn briodol wrth agosáu at y gylchfan
- fel arfer, ni fydd angen i chi roi arwydd wrth agosáu
- arhoswch yn y lôn hon nes bod angen i chi newid eich llwybr er mwyn gadael y gylchfan
- rhowch arwydd i'r chwith ar ôl i chi fynd heibio'r allanfa cyn yr un yr ydych chi ei heisiau.

Pan fydd mwy na thair lôn ar y fynedfa i gylchfan, defnyddiwch y lôn fwyaf priodol wrth agosáu ati a mynd drwyddi.

Ym mhob achos, gwyliwch am a rhowch ddigon o le i

- gerddwyr a allai fod yn croesi'r ffyrdd agosáu a'r allanfeydd
- traffig sy'n croesi o'ch blaen ar y gylchfan, yn enwedig cerbydau sy'n bwriadu gadael ar yr allanfa nesaf
- traffig sydd efallai ar draws dwy lôn neu yn y safle anghywir
- beicwyr modur
- seiclwyr a phobl ar gefn ceffylau sydd efallai yn aros yn y lôn chwith a rhoi arwydd i'r dde os ydynt yn bwriadu parhau i fynd o amgylch y gylchfan. Gadewch iddynt wneud hynny

- cerbydau hir (yn cynnwys y rheiny sy'n tynnu ôl-gerbydau). Efallai y bydd rhaid iddynt gymryd llwybr gwahanol neu ymestyn ar draws dwy lôn wrth agosáu at neu ar y gylchfan, oherwydd eu hyd. Gwyliwch am eu harwyddion.

188 **Cylchfannau bach.** Dylech agosáu atynt yn yr un ffordd â chylchfannau arferol. **RHAID** i bob cerbyd fynd o gwmpas y marciau canol ac eithrio cerbydau sy'n rhy fawr i wneud hynny. Cofiwch fod yna lai o le i symud a llai o amser i roi arwydd. Ceisiwch osgoi gwneud troad pedol (troad-U) ar gylchfannau bach. Gwyliwch rhag ofn bod eraill yn gwneud hynny.

Cyfreithiau RTA 1988 adran 36 a TSRGD rheoliadau 10(1) a 16(1)

189 Wrth gylchfannau bach dwbl, dylech drin pob cylchfan ar wahân gan ildio i draffig o'r dde.

190 **Aml-gylchfannau.** Wrth rai cyffyrdd cymhleth, gall fod cyfres o gylchfannau bach wrth bob croesffordd. Dylech drin pob cylchfan fach ar wahân a dilyn y rheolau arferol.

Rheol 190
Dylech drin
pob cylchfan
ar wahân

Croesfannau cerddwyr

191 **RHAID I CHI BEIDIO** â pharcio ar groesfan nac mewn man sydd a llinellau igam-ogam arno. **RHAID I CHI BEIDIO** â phasio y cerbyd agosaf at y groesfan sy'n symud na'r cerbyd agosaf at y groesfan sydd wedi stopio i ildio i gerddwyr.

Cyfreithiau ZPPPCRGD rheoliadau 18, 20 a 24, RTRA adran 25(5) a TSRGD rheoliadau 10, 27 a 28

192 Mewn ciw traffig, dylech gadw'r groesfan yn glir.

Rheol 192
Cadwch y groesfan yn glir

193 Dylech gymryd gofal arbennig lle rhwystrir chi rhag gweld y naill ochr neu'r llall o'r groesfan gan draffig sy'n ciwio neu gerbydau sydd wedi'u parcio'n anghywir. Gallai cerddwyr fod yn croesi rhwng cerbydau sy'n sefyll yn eu hunfan.

194 Gadewch ddigon o amser i gerddwyr groesi a pheidiwch â'u herio drwy refio'ch injan na symud ymlaen yn araf.

195 **Croesfannau sebra.** Wrth agosáu at groesfan sebra

- gwyliwch am gerddwyr sy'n aros i groesi a byddwch yn barod i arafu neu stopio i adael iddynt groesi
- **RHAID** i chi ildio pan fydd cerddwyr wedi camu ar y groesfan
- caniatewch fwy o amser i stopio ar ffyrdd gwlyb neu rewllyd
- peidiwch â chanu'ch corn na chwifio'ch llaw i annog pobl i groesi; gall hyn fod yn beryglus os oes cerbyd arall yn agosáu
- byddwch yn ymwybodol o gerddwyr sy'n agosáu o ochr y groesfan.

Mae croesfan sebra gydag ynys yn y canol yn ddwy groesfan wahanol (gweler y lluniau ar dudalen 10).

Cyfraith ZPPPCRGD rheoliad 25

Croesfannau a reolir gan arwyddion

196 **Croesfannau pelican.** Croesfannau sy'n cael eu rheoli gan arwyddion yw'r rhain lle bydd golau ambr sy'n fflachio yn dilyn y golau "Stop" coch. **RHAID** i chi stopio pan fydd y golau coch i'w weld. Pan fydd y golau ambr yn fflachio, **RHAID** i chi ildio i unrhyw gerddwyr ar y groesfan. Os yw'r golau ambr yn fflachio ac nad oes cerddwyr ar y groesfan, gallwch fynd yn eich blaen gyda gofal.

Cyfreithiau ZPPPCRGD rheoliadau 23 a 26 a RTRA adran 25(5)

Rheol 196
Gadewch i gerddwyr groesi pan fydd y golau ambr yn fflachio

197 Un groesfan yw croesfannau pelican sy'n mynd yn syth ar draws y ffordd, hyd yn oed pan fydd ynys yn y canol. **RHAID** i chi aros i gerddwyr sy'n croesi o'r ochr draw i'r ynys.

Cyfraith ZPPPCRGD rheoliad 26 a RTRA adran 25(5)

198 Ildiwch i unrhyw un sy'n dal i groesi ar ôl i'r arwydd i gerbydau newid i wyrdd. Mae'r cyngor hwn yn berthnasol i bob croesfan.

199 **Croesfannau twcan, croesfannau pâl a chroesfannau i geffylau.** Mae'r rhain yn debyg iawn i groesfannau pelican, ond ni cheir y cam golau ambr yn fflachio; mae trefn y goleuadau i draffig wrth y tri math hyn o groesfan yr un peth ag wrth oleuadau traffig. Os nad yw'r groesfan a reolir gan signalau yn gweithio, ewch yn eich blaen yn ofalus iawn.

Bacio

200 Dewiswch fan priodol i facio. Os oes rhaid i chi droi'ch cerbyd i wynebu'r ffordd arall, arhoswch nes byddwch wedi dod o hyd i le diogel. Ceisiwch beidio â bacio na throi i wynebu'r ffordd arall ar ffordd brysur; dylech ddod o hyd i ffordd gefn dawel neu gyrrwch o gwmpas bloc o strydoedd cefn.

201 Peidiwch â bacio allan o ffordd gefn i briffordd. Wrth ddefnyddio'r dreif at eiddo, dylech facio i mewn a gyrru allan os yw'n bosibl.

202 Edrychwch yn ofalus cyn dechrau bacio. Dylech

- ddefnyddio pob drych
- troi i edrych yn y 'man dall' y tu ôl i chi (y rhan o'r ffordd na allwch ei gweld yn rhwydd yn y drych)
- gwneud yn *siŵr* nad oes unrhyw gerddwyr (yn enwedig plant), seiclwyr, defnyddwyr eraill y ffordd, na rhwystrau ar y ffordd y tu ôl i chi.

Rheol 202
Edrychwch o'ch cwmpas wrth facio

Baciwch yn araf gan

- edrych o'ch cwmpas
- edrych drwy'r ffenestr gefn yn bennaf
- bod yn ymwybodol bod blaen eich cerbyd yn mynd i wyro allan wrth i chi droi.

Gofynnwch i rywun eich arwain os nad ydych yn gallu gweld yn glir.

203 **RHAID I CHI BEIDIO** â bacio'ch cerbyd ymhellach nag sydd raid.

Cyfraith CUR rheoliad 106

Defnyddwyr y ffordd sy'n gofyn am ofal arbennig

204 Y rhai sydd mewn mwyaf o berygl ar y ffordd yw cerddwyr, seiclwyr, beicwyr modur a phobl ar gefn ceffylau. Mae'n bwysig iawn eich bod yn ymwybodol o blant, pobl hŷn a phobl anabl, a gyrwyr a beicwyr sy'n dysgu neu'n ddibrofiad.

Cerddwyr

205 Mae perygl y bydd cerddwyr, yn enwedig plant, yn camu'n annisgwyl i'r ffordd. Dylech yrru gyda diogelwch plant mewn golwg ar gyflymder sy'n addas i'r amgylchiadau.

Gyrrwch yn ofalus ac yn araf

206
- mewn strydoedd siopa prysur, mewn Parthau Cartrefi (Home Zones) a Lonydd Tawel (Quiet Lanes) (gweler Rheol 218) neu mewn ardaloedd preswyl
- wrth yrru heibio i safleoedd bws a thram; gall cerddwyr gamu'n ddisymwth i'r ffordd
- wrth fynd heibio i gerbydau sydd wedi'u parcio, yn enwedig faniau hufen iâ; mae gan blant fwy o ddiddordeb mewn hufen iâ na thraffig a gallant redeg i'r ffordd yn annisgwyl
- pan fydd angen croesi palmant neu lwybr beiciau; er enghraifft, i fynd i mewn neu allan o ddreif. Ildiwch i gerddwyr a seiclwyr ar y palmant
- wrth facio i ffordd gefn; edrychwch o gwmpas y cerbyd i gyd ac ildiwch i unrhyw gerddwyr sy'n croesi'r ffordd
- wrth droi ar gyffyrdd; ildiwch i gerddwyr sydd eisoes yn croesi'r ffordd yr ydych yn troi iddi
- lle mae'r palmant wedi'i gau oherwydd gwaith atgyweirio a bod cerddwyr yn cael eu cyfarwyddo i ddefnyddio'r ffordd
- wrth agosáu at gerddwyr ar ffyrdd cefn gwlad cul os nad oes llwybr cerdded na llwybr troed ar gael. Dylech arafu bob amser a bod yn barod i stopio os oes angen, gan roi digon o le iddynt wrth i chi yrru heibio.

Rheol 206
Gwyliwch am blant mewn mannau prysur

 207

Cerddwyr sy'n arbennig o ddiamddiffyn. Ymhlith y rhain mae

- plant a cherddwyr hŷn nad ydynt, efallai, yn gallu barnu eich cyflymder ac a allai gamu i'r ffordd o'ch blaen. Ar 40 mya (64 km/awr) mae'n bur debyg y bydd eich cerbyd yn lladd unrhyw gerddwyr y bydd yn eu taro. Ar 20 mya (32 km/awr), dim ond 1 cerddwr mewn 20 fydd yn cael ei ladd. Felly, pwyllwch

- cerddwyr hŷn y mae angen mwy o amser arnynt efallai i groesi'r ffordd. Byddwch yn amyneddgar a gadewch iddynt groesi yn eu hamser eu hunain. Peidiwch â refio eich injan na symud ymlaen yn araf

- pob anabl. Efallai na fydd pobl gyda nam ar eu clyw yn ymwybodol o'ch cerbyd yn agosáu. Mae angen mwy o amser ar bobl gydag anawsterau cerdded

- pobl ddall neu rannol ddall, sydd efallai yn cario ffon wen neu'n defnyddio ci arwain. Efallai na fyddant yn gallu eich gweld yn agosáu

- pobl ddall a byddar sydd efallai yn cario ffon wen gyda rhwymyn coch neu'n defnyddio ci gyda harnais coch a gwyn. Efallai na fyddant yn gweld nac yn clywed cyfarwyddiadau na signalau.

 208

Ger ysgolion. Gyrrwch yn araf a byddwch yn arbennig o ymwybodol o feicwyr a cherddwyr ifanc. Mewn rhai mannau, efallai y bydd arwydd ambr yn fflachio islaw arwydd rhybudd "Ysgol" sy'n dweud wrthych y gallai fod plant yn croesi'r ffordd o'ch blaen. Gyrrwch yn ofalus iawn nes byddwch allan o'r ardal.

209 Gyrrwch yn ofalus ac yn araf wrth fynd heibio i fws sy'n sefyll yn ei unfan sy'n dangos arwydd 'Bws Ysgol' (gweler tudalen 117) oherwydd gallai fod plant yn camu ar neu oddi ar y bws.

210 **RHAID** i chi stopio pan fydd rheolwr croesfan ysgol yn dangos arwydd "stop" i blant (gweler tudalennau 105 a 106).

Cyfraith RTRA adran 28

Beicwyr modur a seiclwyr

211 Yn aml, mae'n anodd gweld beicwyr modur a seiclwyr, yn enwedig pan fyddant yn dod tuag atoch o'r tu ôl, yn dod o gyffyrdd, ar gylchfannau, wrth eich pasio neu'n gwau trwy'r traffig. Gwyliwch amdanynt bob amser pan fyddwch yn dod allan o gyffordd; gallant fod yn dod yn gynt nag a dybiwch. Pan fyddwch yn troi i'r dde ar draws rhes o draffig sy'n symud yn araf neu'n aros yn eu hunfan, gwyliwch am seiclwyr neu feicwyr modur ar ochr fewnol y traffig rydych chi'n croesi ar eu traws. Byddwch yn hynod o ofalus wrth droi, ac wrth newid cyfeiriad neu lôn. Gwnewch yn siŵr eich bod yn edrych yn ofalus yn eich drychau a thuag at y mannau dall.

Rheol 211
Gwyliwch am feicwyr modur a seiclwyr ar gyffyrdd

212 Wrth fynd heibio i feicwyr modur a seiclwyr, rhowch ddigon o le iddynt (gweler Rheolau 162-167). Os ydynt yn edrych yn ôl dros eu hysgwydd, gall hynny olygu eu bod yn bwriadu tynnu allan, troi i'r dde neu newid cyfeiriad. Rhowch amser a lle iddynt wneud hynny.

213 Efallai y bydd angen i feicwyr modur a seiclwyr osgoi wyneb anwastad ar y ffordd yn sydyn, a rhwystrau megis caeadau draeniau neu ddarnau olewog, gwlyb neu rewllyd o'r ffordd. Rhowch ddigon o le iddynt a thalwch sylw arbennig rhag ofn y bydd rhaid iddynt newid cyfeiriad yn sydyn.

Defnyddwyr eraill y ffordd

214 **Anifeiliaid.** Wrth fynd heibio i anifeiliaid, gyrrwch yn araf. Rhowch ddigon o le iddynt a byddwch yn barod i stopio. Peidiwch â chodi braw ar anifeiliaid drwy ganu'ch corn, refio'ch injan na gwasgu'n drwm ar y sbardun ar ôl i chi fynd heibio iddynt. Gwyliwch am anifeiliaid sy'n cael eu harwain, eu gyrru neu eu marchogaeth ar y ffordd a chymrwch fwy o ofal. Pwyllwch ar gorneli ac ar ffyrdd cefn gwlad cul. Os bydd ffordd wedi'i llenwi gan haid o anifeiliaid, stopiwch a diffoddwch eich injan nes byddant wedi gadael y ffordd. Gwyliwch am anifeiliaid ar ffyrdd sydd heb eu ffensio.

215 **Pobl ar gefn ceffylau a cherbydau sy'n cael eu tynnu gan geffylau.** Byddwch yn arbennig o ofalus o bobl ar gefn ceffylau ac o gerbydau sy'n cael eu tynnu gan geffylau, yn enwedig wrth eu pasio. Pasiwch yn araf a chan adael digon o le iddynt bob amser. Yn aml, plant sydd ar gefn ceffylau, felly cymerwch ofal mawr a chofiwch y caiff dau geffyl gerdded ochr yn ochr â'i gilydd pan fydd un marchog yn hebrwng marchog neu geffyl dibrofiad. Gwyliwch am bobl ar gefn ceffylau neu bobl sy'n gyrru ceffylau yn rhoi arwyddion ac ymatebwch i gais ganddynt i arafu neu stopio. Byddwch yn hynod ofalus a thrin pob ceffyl fel perygl posibl.

216 **Gyrwyr hŷn.** Efallai y byddant yn ymateb yn arafach na gyrwyr eraill. Rhaid cymryd hyn i ystyriaeth.

217 **Dysgwyr a gyrwyr amhrofiadol.** Efallai nad oes ganddynt gymaint o allu i ragweld ac ymateb i ddigwyddiadau. Byddwch yn amyneddgar iawn gyda dysgwyr a gyrwyr ifanc. Gall gyrwyr sydd newydd basio'u prawf ddangos plât neu sticer 'gyrrwr newydd' (gweler Atodiad 8 - Cod diogelwch ar gyfer gyrwyr newydd).

218 Parthau Cartrefi (Home Zones) a Lonydd Tawel (Quiet Lanes). Llefydd yw'r rhain lle gall pobl fod yn defnyddio'r ffordd gyfan ar gyfer amrywiol weithgareddau, megis plant yn chwarae neu ddigwyddiad cymunedol. Dylech yrru'n araf ac yn ofalus gan fod yn barod i stopio er mwyn rhoi mwy o amser i bobl i'ch gadael i fynd heibio iddynt yn ddiogel.

Cerbydau eraill

219 Cerbydau Argyfwng a cherbydau cefnogi adeg digwyddiadau. Dylech edrych a gwrando am ambiwlans, injan dân, cerbydau heddlu neu feddyg neu gerbydau argyfwng eraill sy'n defnyddio goleuadau glas, coch neu wyrdd sy'n fflachio a seirenau neu oleuadau blaen sy'n fflachio, neu gerbydau swyddog traffig a cherbydau cefnogi adeg digwyddiad sy'n defnyddio goleuadau ambr sy'n fflachio. Pan fydd un yn agosáu, peidiwch â mynd i banig. Ystyriwch pa ffordd y mae'r cerbyd yn mynd a chymerwch gamau priodol er mwyn gadael iddo fynd heibio, tra'n cydymffurfio â'r holl signalau traffig. Os oes angen, tynnwch i mewn i un ochr y ffordd a stopio, ond ceisiwch osgoi stopio cyn ael bryn, cornel neu ddarn cul o'r ffordd. Peidiwch â rhoi eich hun, defnyddwyr eraill y ffordd na cherddwyr mewn perygl a cheisiwch osgoi rhag mynd ar y palmant. Peidiwch â brecio'n galed wrth agosáu at gyffordd neu gylchfan, oherwydd efallai nad yw gyrrwr y cerbyd y tu ôl i chi yn gallu gweld yr un peth â chi.

220 Cerbydau â phŵer a ddefnyddir gan bobl anabl. Gall y cerbydau bach hyn deithio ar gyflymder uchaf o 8 mya (12 km/awr). Ar ffordd ddeuol lle mae'r cyfyngiad cyflymder yn uwch na 50 mya (80 km/awr) **RHAID** iddynt gael golau ambr sy'n fflachio, ond ar ffyrdd eraill, mae'n bosibl na chewch y rhybudd hwnnw ymlaen llaw (gweler Rheolau 36 i 46).

Cyfraith RVLR rheoliad 17(1) a 26

221 **Cerbydau mawr.** Efallai y bydd angen mwy o le ar y rhain i droi neu i ddelio â pherygl nad ydych chi'n gallu ei weld. Os ydych yn dilyn cerbyd mawr, megis bws neu lori gymalog, cadwch mewn cof efallai nad yw'r gyrrwr yn gallu eich gweld yn ei ddrychau. Byddwch yn barod i stopio ac aros os bydd angen lle neu amser arno i droi.

Rheol 221
Mae angen fwy o le ar gerbydau mawr

222 Gall cerbydau mawr eich rhwystro rhag gweld. Bydd eich gallu i weld a chynllunio ymlaen yn gwella os tynnwch yn ôl i gynyddu'r pellter sydd rhyngoch. Byddwch yn amyneddgar, oherwydd mae cyfyngiadau cyflymder is i gerbydau mwy o'i gymharu â cheir a beiciau modur. Mae dyfeisiau i gyfyngu ar gyflymder wedi'u gosod ar lawer o gerbydau mawr sy'n cyfyngu eu cyflymder i 56 mya (90 km/awr), hyd yn oed ar draffordd.

223 **Bysiau, bysiau moethus a thramiau.** Rhowch flaenoriaeth i'r cerbydau hyn pan fyddwch yn gallu gwneud hynny'n ddiogel, yn enwedig pan fyddant yn rhoi arwydd i dynnu allan o arhosfan. Gwyliwch am bobl sy'n dod oddi ar fws neu dram ac yn croesi'r ffordd.

224 **Cerbydau trydan.** Byddwch yn ofalus o gerbydau trydan megis faniau llefrith a thramiau. Mae tramiau'n symud yn gyflym a thawel ac ni allant lywio i'ch osgoi.

225 **Cerbydau sydd â goleuadau ambr sy'n fflachio.** Mae'r rhain yn rhoi rhybudd am gerbydau sy'n symud yn araf neu sy'n aros yn eu hunfan (megis cerbyd swyddog traffig, cerbyd graeanu, aradr eira neu gerbyd cludo-i'r-garej) neu lwythi anarferol, felly dylech fynd yn eich blaen gyda gofal. Ar ffyrdd deuol diamod, **RHAID** i gerbydau modur a ddefnyddiwyd gyntaf ar neu ar ôl Ionawr 1947, gydag uchafswm cyflymder o 25 mya (40 km/awr) neu lai (megis tractorau) ddefnyddio goleuadau ambr sy'n fflachio (gweler hefyd Rheol 220).

Cyfraith RVLR 1989, rheoliad 17

Gyrru pan fydd y tywydd yn wael

226 **RHAID** i chi ddefnyddio prif oleuadau pan fydd y gwelededd wedi lleihau'n ddifrifol, pan na allwch weld am fwy na 100 metr (328 troedfedd) fel arfer. Gallwch hefyd ddefnyddio lampau niwl blaen neu gefn ond **RHAID** i chi eu diffodd pan fydd y gwelededd wedi gwella (gweler Rheol 236).

Cyfraith RVLR rheoliadau 25 a 27

227 **Tywydd gwlyb.** Mewn tywydd gwlyb, bydd y pellteroedd stopio o leiaf ddwywaith cymaint â'r hyn y mae ei angen i stopio ar ffyrdd sych (gweler tudalennau 41-42). Y rheswm am hyn yw bod gan eich teiars lai o afael yn y ffordd. Mewn tywydd gwlyb

- dylech gadw ymhell y tu ôl i'r cerbyd o'ch blaen. Bydd hyn yn cynyddu'ch gallu i weld a chynllunio ymlaen

- os nad yw'r llyw yn ymateb, mae hynny'n golygu, mwy na thebyg, fod dwr yn atal y teiars rhag gafael yn y ffordd. Tynnwch eich troed oddi ar y sbardun ac arafwch yn raddol

- gall y glaw a'r dŵr sy'n cael eu taflu gan gerbydau eraill ei gwneud hi'n anodd gweld a chael eich gweld.

- byddwch yn ymwybodol o beryglon disel sydd wedi gollwng oherwydd mae'n gwneud yr arwyneb yn llithrig iawn (gweler Atodiad 6)

- byddwch yn ofalus o gwmpas cerddwyr, seiclwyr, beicwyr modur a phobl ar gefn ceffylau.

Tywydd rhewllyd ac eira

228 Yn ystod y gaeaf, gwrandewch ar ragolygon lleol y tywydd i glywed rhybuddion am rew ac eira. **PEIDIWCH** â gyrru o dan yr amodau hyn oni bai bod eich siwrnai yn hanfodol. Os yw, cymerwch ofal mawr a chaniatewch fwy o amser i gyrraedd pen y daith. Ewch â phecyn argyfwng gyda chi sy'n cynnwys hylif meirioli (de-icer) a chrafwr rhew, tortsh, dillad ac esgidiau cynnes, blwch cymorth cyntaf, gwifrau cyswllt â'r batri a rhaw, yn ogystal â diod boeth a bwyd rhag ofn yr ewch chi'n sownd neu fod eich cerbyd yn torri lawr.

Cyn cychwyn

229

- **RHAID** i chi fod yn gallu gweld, felly cliriwch yr holl eira a rhew oddi ar eich ffenestri
- **RHAID** i chi sicrhau bod y goleuadau yn lân a'r platiau rhif cofrestru i'w gweled yn glir ac yn ddarllenadwy
- gwnewch yn *siŵr* nad oes niwl ar y drychau na'r ffenestri
- cliriwch unrhyw eira a allai ddisgyn oddi ar eich cerbyd i lwybr defnyddwyr eraill y ffordd
- gwnewch yn *siŵr* bod eich llwybr arfaethedig yn glir o rwystrau ac nad yw'r rhagolygon yn addo mwy o eira neu dywydd garw.

Cyfreithiau CUR rheoliad 30, RVLR rheoliad 23, VERA adran 43 a RV(DRM) R rheoliad 11

Rheol 229
Gwnewch yn siŵr fod eich ffenestr flaen yn hollol glir

Wrth yrru mewn tywydd rhewllyd neu eira

230

- gyrrwch gyda gofal, hyd yn oes os yw'r ffyrdd wedi cael eu trin
- cadwch yn ddigon pell y tu ôl i'r defnyddiwr ffordd o'ch blaen oherwydd gall pellteroedd stopio fod ddeg gwaith yn fwy na'r pellteroedd ar ffyrdd sych

- cymerwch ofal wrth basio cerbydau sy'n taenu halen neu ddeunydd mireinio arall, yn enwedig os ydych yn gyrru beic modur neu'n seiclo

- gwyliwch am erydr eira sydd efallai yn taflu eira i bob ochr. Peidiwch â'u pasio oni bai bod y lôn y bwriadwch ei defnyddio wedi cael ei chlirio

- byddwch yn barod ar gyfer newidiadau yng nghyflwr y ffordd dros bellter cymharol fyr

- gwrandewch ar fwletinau i deithwyr a chymrwch sylw o'r arwyddion sy'n darlledu negeseuon amrywiol rhag ofn y bydd gwybodaeth arnynt am amodau'r tywydd, y ffordd a'r traffig o'ch blaen.

231 **Gyrrwch yn hynod o ofalus** pan fydd y ffyrdd yn rhewllyd. Dylech osgoi gwneud pethau'n sydyn gan y gallai hynny olygu eich bod yn colli rheolaeth. Dylech

- yrru'n araf mewn gêr mor uchel ag sy'n bosibl; dylech ddefnyddio'r sbardun a'r brêc yn dyner iawn

- gyrru'n hynod o ofalus ar droadau lle'r ydych yn fwy tebygol o golli rheolaeth. Breciwch yn raddol ar y darn syth cyn i chi gyrraedd y tro. Wedi arafu, llywiwch yn esmwyth o gwmpas y tro gan osgoi gwneud unrhyw beth sydyn

- profi eich gafael ar y ffordd lle ceir eira neu rew drwy ddewis man diogel i frecio'n ofalus. Os na fydd y llyw'n ymateb, gallai hyn ddangos bod yna rew a bod eich cerbyd yn colli'i afael ar y ffordd. Wrth deithio ar rew, ni fydd teiars yn gwneud fawr o sŵn.

Tywydd gwyntog

232 Cerbydau ag ochrau uchel sy'n cael eu heffeithio fwyaf gan dywydd gwyntog, ond gall hyrddiau cryf hefyd chwythu car, seiclwr, beiciwr modur neu berson ar gefn ceffyl oddi ar eu cwrs. Gall hyn ddigwydd ar ddarn o ffordd sy'n agored i groeswyntoedd, neu wrth fynd heibio i bontydd neu fylchau mewn cloddiau.

233 Mewn tywydd gwyntog iawn efallai y bydd cynnwrf sy'n cael ei achosi gan gerbydau mwy yn effeithio ar eich cerbyd chi. Mae hyn yn effeithio'n arbennig ar feicwyr modur, felly cadwch ymhell yn ôl oddi wrthynt pan fyddant yn pasio cerbyd ag ochrau uchel.

Niwl

234 **Cyn mynd i niwl** edrychwch yn eich drychau, yna arafwch. Os yw'r gair "Niwl" ar arwydd wrth ochr y ffordd ond bod y ffordd yn glir, byddwch yn barod am niwl neu glytiau o niwl o'ch blaen. Hyd yn oed os yw'n ymddangos fel pe bai'n clirio, mae'n bosibl i chi eich cael eich hun mewn niwl trwchus yn hollol ddisymwth.

235 **Wrth yrru mewn niwl** dylech

- ddefnyddio eich goleuadau fel y bo angen (gweler Rheol 226)
- cadw pellter diogel y tu ôl i'r cerbyd o'ch blaen. Gall goleuadau ôl roi sicrwydd ffug i rywun
- gallu stopio yn hawdd o fewn y pellter yr ydych yn gallu ei weld yn glir. Mae hyn yn arbennig o bwysig ar draffyrdd a ffyrdd deuol, gan fod cerbydau'n symud yn gyflymach
- defnyddio eich sychwyr ffenestri a diniwlwyr
- gofalu rhag gyrwyr eraill nad ydynt yn defnyddio'u prif oleuadau
- peidio â chyflymu er mwyn dianc rhag cerbyd sy'n rhy agos y tu ôl i chi
- edrych yn eich drychau cyn i chi arafu. Yna, defnyddiwch eich brêcs fel bod eich goleuadau brecio yn rhybuddio gyrwyr y tu ôl i chi eich bod yn arafu
- stopio yn y man cywir ar gyffordd lle mae'r gwelededd yn gyfyngedig a gwrando am draffig. Pan fyddwch yn siŵr ei bod yn ddiogel symud allan, gwnewch hynny'n hyderus a pheidiwch ag oedi mewn man sy'n eich rhoi yn union yn llwybr cerbydau sy'n dod tuag atoch.

236 **RHAID I CHI BEIDIO** â defnyddio lampau niwl blaen na chefn oni bai bod y gwelededd wedi lleihau'n ddifrifol (gweler Rheol 226) gan eu bod yn dallu defnyddwyr eraill y ffordd a gallant guddio eich goleuadau brecio. **RHAID** i chi eu diffodd pan fydd y gwelededd yn gwella.

Cyfraith RVLR rheoliadau 25 a 27

237 **Tywydd poeth.** Gwnewch yn *siŵr* fod eich cerbyd wedi'i awyru'n dda er mwyn osgoi teimlo'n gysglyd. Byddwch yn ymwybodol fod wyneb y ffordd yn gallu mynd yn feddal neu os yw'n bwrw glaw ar ôl cyfnod sych gall fynd yn llithrig. Gallai'r amodau hyn effeithio ar eich gallu i lywio a brecio. Os ydych chi'n cael eich dallu gan haul llachar dylech arafu a stopio os oes rhaid.

Aros a pharcio

238 **RHAID I CHI BEIDIO** ag aros na pharcio ar linellau melyn yn ystod yr adegau y mae'r cyfyngiadau mewn grym fel a ddangosir ar y platiau amser cyfagos (neu'r arwyddion mynediad i barth mewn Parth Parcio a Reolir) - gweler tudalennau 112 a 115. Mae llinellau melyn dwbl yn dynodi bod gwaharddiad rhag aros ar unrhyw adeg, hyd yn oed os nad oes arwyddion talsyth. **RHAID I CHI BEIDIO** ag aros, parcio, stopio na gollwng na chodi teithwyr ar farciau mynediad i ysgol (gweler tudalen 116) os oes arwyddion talsyth yn dynodi bod gwaharddiad rhag stopio.

Cyfraith RTRA adrannau 5 a 8

Parcio

239 Defnyddiwch fannau parcio oddi ar y stryd neu gilfannau sy'n cael eu nodi gan linellau gwyn ar y ffordd, lle bynnag bo'n bosibl. Os oes rhaid i chi stopio wrth ochr y ffordd

- peidiwch â pharcio yn erbyn llif y traffig
- stopiwch mor agos ag y gallwch at yr ochr

Rheol 239
Edrychwch
cyn agor
eich drws

- peidiwch â stopio'n rhy agos at gerbyd sy'n dangos Bathodyn Glas; cofiwch, efallai y bydd angen mwy o le ar y person yn y cerbyd i fynd i mewn neu ddod allan
- **RHAID** i chi ddiffodd yr injan, y prif oleuadau a'r lampau niwl
- **RHAID** i chi dynnu'r brêc llaw yn dynn cyn gadael y cerbyd

- **RHAID** i chi wneud yn *siŵr* nad ydych yn taro neb wrth agor eich drws. Gwyliwch am seiclwyr neu draffig arall

- mae'n fwy diogel i'ch teithwyr (yn enwedig plant) adael y cerbyd yr ochr agosaf at ymyl y palmant

- rhowch bopeth gwerthfawr allan o'r golwg a gwnewch yn *siŵr* bod eich cerbyd mewn man diogel

- clowch eich cerbyd.

Cyfreithiau CUR rheoliadau 98, 105 a 107, RVLR rheoliad 27 a RTA 1988 adran 42

RHAID I CHI BEIDIO â stopio na pharcio ar

- ffordd na llain galed y draffordd, ac eithrio mewn argyfwng (gweler Rheol 270)

- croesfan i gerddwyr, yn cynnwys yr ardal sydd wedi'i marcio â llinellau igam-ogam (gweler Rheol 191)

- clirffordd (gweler tudalen 107)

- cilfannau tacsis sydd wedi'u nodi gan arwyddion talsyth a marciau

- clirffordd drefol o fewn ei oriau gweithredu, ac eithrio i godi teithwyr neu i'w gollwng (gweler tudalen 107)

- ffordd sydd wedi'i marcio â llinellau gwyn dwbl, hyd yn oed os oes llinell wen fylchog ar eich ochr chi o'r ffordd, ac eithrio i godi teithwyr neu i'w gollwng, neu i lwytho neu ddadlwytho nwyddau

- lôn feiciau neu dramiau pan fydd yn cael ei defnyddio

- llwybr beiciau

- llinellau coch, yn achos 'llwybrau coch' arbennig, oni bai bod arwyddion yn dynodi fel arall.

Gall unrhyw gerbyd fynd ar lôn fysiau er mwyn stopio, llwytho neu ddadlwytho os nad yw hyn wedi'i wahardd (gweler Rheol 141).

Cyfreithiau MT(E&W)R rheoliadau 7 a 9, MT(S)R rheoliadau 6 a 8, ZPPPCRGD rheoliadau 18 a 20, RTRA adrannau 5, 6 a 8, TSRGD rheoliadau 10, 26 a 27, RTA 1988 adrannau 21(1) a 36

RHAID I CHI BEIDIO â pharcio mewn mannau parcio sy'n cael eu neilltuo i ddefnyddwyr arbennig, megis deiliaid Bathodyn Glas, preswylwyr neu feiciau modur, oni bai bod gennych hawl i wneud hynny.

Cyfreithiau CSDPA adran 21 a RTRA adrannau 5 a 8

242 RHAID I CHI BEIDIO â gadael eich cerbyd neu ôl-gerbyd mewn safle peryglus neu lle mae'n achosi rhwystr diangen ar y ffordd.

Cyfreithiau RTA 1988, adran 22 a CUR rheoliad 103

243 PEIDIWCH â stopio na pharcio

- yn agos at fynedfa ysgol
- yn unrhyw fan lle byddech yn atal mynediad i'r Gwasanaethau Brys
- ar, neu'n agos at safle bws, tram neu dacsi
- ar ffordd sy'n agosáu at groesfan rheilffordd/croesfan tramffordd
- gyferbyn â chyffordd neu o fewn 10 metr (32 troedfedd) iddi, ac eithrio mewn lle parcio swyddogol
- ger ael bryn neu bont gefngrwm
- gyferbyn ag ynys draffig neu (pe bai hynny'n achosi rhwystr) gerbyd arall sydd wedi'i barcio
- lle byddech yn gorfodi traffig arall i fynd ar lôn dramiau
- lle mae ymyl y palmant wedi'i ostwng i helpu defnyddwyr cadeiriau olwyn a cherbydau symudedd â phŵer
- o flaen mynedfa i eiddo
- ar gornel
- lle byddech yn rhwystro seiclwyr rhag defnyddio cyfleusterau sydd ar eu cyfer

heblaw pan fo cerbydau sy'n aros yn eu hunfan yn eich gorfodi i wneud hynny.

244 RHAID I CHI BEIDIO â pharcio'n rhannol neu'n gyfan gwbl ar y palmant yn Llundain, ac ni ddylech wneud hynny yn unman arall chwaith oni bai bod arwyddion yn caniatáu hynny. Mae parcio ar y palmant yn gallu creu rhwystr, a bod yn hynod anghyfleus i gerddwyr, pobl mewn cadeiriau olwyn, y rhai sydd â nam ar eu golwg a phobl â phramiau neu goetsys cadair.

Cyfraith GL(GP)A adran 15

245 Parthau Parcio Cyfyngedig. Mae'r arwyddion wrth fynd i mewn i'r parth yn dangos yr amseroedd pryd y mae'r cyfyngiadau aros yn y parth mewn grym. Efallai y bydd parcio yn cael ei ganiatáu mewn rhai mannau ar adegau eraill. Fel arall, gellir parcio mewn cilfannau sydd ag arwyddion a marciau ar wahân i'w dynodi.

246 **Cerbydau nwyddau. RHAID I CHI BEIDIO** â pharcio cerbydau sy'n pwyso dros 7.5 tunnell fetrig wedi'u llwytho (yn cynnwys unrhyw ôl-gerbyd) ar lain ymyl ffordd, palmant nac unrhyw dir sydd wedi ei leoli rhwng lonydd cerbydau heb ganiatâd yr heddlu. Yr unig eithriad yw pan fydd rhaid parcio i lwytho neu ddadlwytho, ac mewn achos felly **RHAID I CHI BEIDIO** â gadael y cerbyd heb neb i ofalu amdano.

Cyfraith RTA 1988 adran 19

247 **Llwytho a dadlwytho.** Peidiwch â llwytho na dadlwytho lle ceir marciau melyn ar ymyl y ffordd ac arwyddion talsyth yn rhoi gwybod bod cyfyngiadau mewn grym (gweler tudalennau 115-116). Efallai y caniateir hyn lle mae cyfyngiadau ar barcio fel arall. Ar lwybrau coch, mae cilfannau sydd wedi'u dynodi gan farciau ac arwyddion arbennig lle mae llwytho a dadlwytho yn cael eu caniatáu.

Cyfraith RTRA adrannau 5 a 8

Parcio yn y nos

248 **RHAID I CHI BEIDIO** â pharcio yn y nos yn wynebu'n groes i lif y traffig ac eithrio mewn man parcio cydnabyddedig.

Cyfraith CUR rheoliad 101 a RVLR rheoliad 24

249 **RHAID** i bob cerbyd arddangos goleuadau parcio pan fydd wedi ei barcio ar ffordd lle mae'r cyfyngiad cyflymder yn uwch na 30 mya (48 km/awr), neu mewn cilfan arni.

Cyfraith RVLR rheoliad 24

250 Caniateir parcio ceir, cerbydau nwyddau heb fod dros 1,525 kg o bwysau heb lwyth, cerbydau i'r anabl, beiciau modur a beiciau heb oleuadau arnynt ar ffordd (neu gilfan) sydd â chyfyngiad cyflymder o 30 mya (48 km/arw) neu lai, os ydynt

- o leiaf 10 metr (32 troedfedd) oddi wrth unrhyw gyffordd, yn agos at ymyl y palmant ac yn wynebu cyfeiriad llif y traffig

- mewn lle parcio neu gilfan gydnabyddedig.

RHAID PEIDIO â gadael cerbydau ac ôl-gerbydau eraill, a phob cerbyd sydd â llwythi sy'n ymestyn allan, ar y ffordd yn y nos heb oleuadau.

Cyfreithiau RVLR rheoliad 24 a CUR rheoliad 82(7)

251 **Parcio mewn niwl.** Mae'n hynod beryglus parcio ar y ffordd mewn niwl. Os nad oes modd osgoi hyn, gadewch eich goleuadau parcio neu ochr ymlaen.

 252 **Parcio ar riwiau.** Os ydych yn parcio ar riw dylech

- barcio'n agos at ymyl y palmant a thynnu'r brêc llaw yn dynn
- dewis gêr am ymlaen a throi'r llyw oddi wrth ymyl y palmant wrth wynebu i fyny'r rhiw
- dewis gêr bacio a throi'r llyw tuag at ymyl y palmant wrth wynebu i lawr y rhiw
- defnyddio "park" os mai blwch gêr awtomatig sydd yn eich car.

Rheol 252
Trowch eich olwynion i ffwrdd oddi wrth ymyl y palmant wrth barcio yn wynebu i fyny'r rhiw. Trowch eich olwynion tuag at ymyl y palmant wrth barcio yn wynebu i lawr y rhiw

Yn wynebu i fyny'r rhiw

Yn wynebu i lawr y rhiw

Gorfodaeth Parcio Anrhoseddol

Mae Gorfodaeth Parcio Anrhoseddol yn dod yn fwy cyffredin wrth i fwy o awdurdodau ysgwyddo'r swyddogaeth hon. Felly, yr awdurdod traffig lleol, yn hytrach na'r heddlu, sy'n ysgwyddo cyfrifoldeb dros lawer o'r gwaith gorfodi os yw pobl yn torri rheolau parcio. Mae rhagor o wybodaeth am Orfodaeth Parcio Anrhoseddol ar gael yn y gwefannau canlynol:

www.trafficpenaltytribunal.gov.uk (y tu allan i Lundain)

www.parkingandtrafficappeals.gov.uk (yn Llundain)

Traffyrdd

Mae llawer iawn o Reolau eraill sy'n berthnasol i yrru ar y draffordd, un ai'n gyfan gwbl neu'n rhannol: Rheolau 46, 57, 83-126, 130-134, 139, 144, 146-151, 160, 161, 219, 221-222, 225, 226-237, 274-278, 280, a 281-290.

Cyffredinol

253 **Cerbydau sy'n cael eu gwahardd. RHAID I** gerddwyr, deiliaid trwyddedau dros dro i yrru ceir a beiciau modur, beicwyr modur ar feiciau dan 50 cc, seiclwyr, pobl ar gefn ceffylau, rhai cerbydau araf penodol a'r rheiny sy'n cario llwythi enfawr (oni bai drwy ganiatad arbennig), cerbydau amaethyddol, a chadeiriau olwyn/sgwteri symudedd â phŵer **BEIDIO** â defnyddio traffyrdd (gweler Rheolau 36 i 46).

Cyfreithiau HA 1980 adrannau 16, 17 ac atodlen 4, MT(E&W)R rheoliadau 3(d), 4 a 11, MT(E&W)(A)R, R(S)A adrannau 7, 8 ac atodlen 3, RTRA adrannau 17(2) a (3), a MT(S)R rheoliad 10

254 Fel arfer mae traffig ar draffyrdd yn teithio'n gyflymach nag ar ffyrdd eraill, felly mae gennych lai o amser i ymateb. Mae'n hynod bwysig defnyddio eich drychau yn gynt ac edrych lawer iawn ymhellach o'ch blaen nag a wnaech ar ffyrdd eraill.

Arwyddion traffyrdd

255 Defnyddir arwyddion traffyrdd (gweler tudalen 102) i'ch rhybuddio am berygl sydd o'ch blaen. Er enghraifft, gallai fod digwyddiad, niwl, llwyth wedi'i ollwng neu weithwyr ar y ffordd na fyddech yn gallu eu gweld yn syth.

256 Mae arwyddion sydd wedi eu lleoli ar y llain ganol yn berthnasol i bob lôn. Ar rannau prysur iawn, gall yr arwyddion fod uwchben gydag arwydd ar wahân i bob lôn.

257 **Goleuadau ambr yn fflachio.** Rhybudd yw'r rhain am berygl o'ch blaen. Gall yr arwyddion ddangos cyfyngiad cyflymder dros dro, lonydd wedi cau neu neges megis "Niwl". Addaswch eich cyflymder a gwyliwch am y perygl nes i chi fynd heibio i arwydd nad yw'n fflachio neu un sy'n dweud bod popeth yn iawn eto, a'ch bod yn siŵr ei bod yn ddiogel cyflymu eto.

258 **Goleuadau coch yn fflachio.** Os oes goleuadau coch yn fflachio ar yr arwyddion uwchben eich lôn chi a bod 'X' coch wedi'i arddangos, **RHAID I CHI BEIDIO** â mynd heibio i'r arwydd yn y lôn honno. Os oes goleuadau coch yn fflachio ar arwydd ar y llain ganol neu ar ochr y ffordd, **RHAID I CHI BEIDIO** â mynd heibio i'r arwydd mewn unrhyw lôn.

Cyfreithiau RTA 1988 adran 36 a TSRGD rheoliadau 10 a 38

Gyrru ar y draffordd

259 **Ymuno â'r draffordd.** Wrth ymuno â'r draffordd, byddwch fel arfer yn dod ati o ffordd ar y chwith (slipffordd) neu o draffordd gyffiniol. Dylech

- roi blaenoriaeth i draffig sydd ar y draffordd yn barod
- gwylio'r traffig ar y draffordd a chyfateb eich cyflymder â gweddill y traffig i ffitio'n ddiogel i lif y traffig yn y lôn chwith
- peidio â chroesi llinellau gwyn di-dor sy'n gwahanu lonydd na defnyddio'r llain galed
- aros ar y slipffordd os bydd yn parhau fel lôn ychwanegol ar y draffordd
- aros yn y lôn chwith yn ddigon hir i addasu i gyflymder y traffig cyn dechrau ystyried pasio.

Ar y draffordd

260 Pan ffydwch yn gallu gweld ymhell o'ch blaen a bod yr amodau ar y ffordd yn dda, dylech

- yrru ar gyflymder cyson braf yr ydych chi a'ch cerbyd yn gallu dygymod ag ef yn ddiogel ac sydd o fewn y cyfyngiad cyflymder (gweler y tabl ar dudalen 40)
- cadw pellter diogel oddi wrth y cerbyd o'ch blaen a chynyddu'r bwlch ar ffyrdd gwlyb neu rewllyd, neu mewn niwl (gweler Rheolau 126 a 235).

261 **RHAID I CHI BEIDIO** â mynd yn gyflymach na 70 mya (112 km/awr) neu'r cyfyngiad cyflymder uchaf a ganiateir i'ch cerbyd (gweler tudalen 40). Os oes cyfyngiad cyflymder is mewn grym, yn barhaol neu dros dro, gerllaw gwaith ar y ffordd er enghraifft, **RHAID I CHI BEIDIO** â mynd yn gyflymach na'r cyfyngiad cyflymder is. Ar rai traffyrdd, mae arwyddion trafford gorfodol (sy'n dangos y cyflymder mewn cylch coch) yn cael eu defnyddio i amrywio'r cyfyngiad cyflymder uchaf er mwyn gwella llif y traffig. **RHAID I CHI BEIDIO** â mynd yn gyflymach na'r cyfyngiad cyflymder hwn.

Cyfraith RTRA adrannau 17, 86, 89 ac atodlen 6

262 Gall undonedd gyrru ar draffordd wneud i chi deimlo'n gysglyd. I leihau'r risg, dylynwch gyngor Rheol 91.

263 **RHAID I CHI BEIDIO** â bacio, croesi'r llain ganol na gyrru yn erbyn llif y traffig. Os ydych wedi mynd heibio'ch allanfa, neu wedi cymryd y ffordd anghywir, daliwch i fynd tan yr allanfa nesaf.

Cyfreithiau MT(E&W)R rheoliadau 6, 8 a 10 a MT(S)R rheoliadau 4, 5, 7 a 9

Disgyblaeth lonydd

264 Dylech bob amser yrru yn y lôn chwith pan fo'r ffordd o'ch blaen yn glir. Os ydych chi'n pasio nifer o gerbydau sy'n teithio'n arafach na chi, dylech fynd yn ôl i'r lôn ar y chwith cyn gynted â phosib ar ôl eu pasio'n ddiogel. Dylai cerbydau araf neu gerbydau y cyfyngir ar eu cyflymder bob amser deithio yn lôn chwith y drafford oni bai eu bod yn pasio cerbyd arall. **RHAID I CHI BEIDIO** â gyrru ar y llain galed ac eithrio mewn argyfwng neu os cewch gyfarwyddyd i wneud hynny gan yr heddlu, swyddogion traffig neu arwyddion.

Cyfreithiau MT(E&W)R rheoliadau 5, 9 a 16(1)(a), MT(S)R rheoliadau 4, 8 a 14(1)(a), a RTA 1988, adrannau 35 a 186, fel y'i dywygiwyd gan TMA 2004 adran 6.

265 **RHAID PEIDIO** â defnyddio lôn dde traffordd sydd â thair neu fwy o lonydd (ac eithrio o dan amgylchiadau penodedig) os ydych yn gyrru

- unrhyw gerbyd sy'n tynnu ôl-gerbyd

- cerbyd nwyddau sy'n pwyso dros 3.5 tunnell ond llai na 7.5 tunnell wedi'i lwytho, ac sy'n gorfod cael dyfais i gyfyngu ar gyflymder

- cerbyd nwyddau sy'n pwyso dros 7.5 tunnell wedi'i lwytho

- cerbyd teithwyr sy'n pwyso dros 7.5 tunnell fetrig wedi'i lwytho sydd wedi'i adeiladu neu wedi'i addasu i gario mwy nag wyth o deithwyr ar eu heistedd yn ogystal â'r gyrrwr

- cerbyd teithwyr sy'n pwyso llai na 7.5 tunnell fetrig wedi'i lwytho, sydd wedi'i adeiladu neu wedi'i addasu i gario mwy nag wyth o deithwyr ar eu heistedd yn ogystal â'r gyrrwr, ac sy'n gorfod cael dyfais i gyfyngu ar gyflymder.

Cyfreithiau MT(E&W)R rheoliad 12, MT(E&W)AR (2004), MT(S)R rheoliad 11 a MT(S)AR (2004)

Wrth agosáu at gyffordd. Edrychwch ymhell o'ch blaen am unrhyw arwyddion. Gall arwyddion cyfeirio gael eu gosod uwchben y ffordd. Os oes angen i chi newid lonydd, dylech wneud hynny mewn da bryd. Wrth rai cyffyrdd gall lôn arwain yn uniongyrchol oddi ar y drafffordd. Ni ddylech fynd i'r lôn honno oni bai eich bod am fynd i'r cyfeiriad sy'n cael ei ddangos ar yr arwyddion uwchben.

Pasio

Peidiwch â phasio oni bai eich bod yn siŵr ei bod yn ddiogel i wneud hynny. Rhaid i chi basio ar y dde yn unig. Dylech

- edrych yn eich drychau

- cymryd amser i farnu pob cyflymder yn iawn

- gwneud yn *siŵr* fod y lôn y byddwch yn ymuno â hi yn ddigon clir o'ch blaen a'r tu ôl

- cymryd cipolwg sydyn i fan y smotyn dall i gardarnhau safle cerbyd a allai fod wedi diflannu o'ch golwg yn y drych

- cofio y gallai traffig fod yn dod o'r tu ôl i chi yn gyflym iawn. Edrychwch yn ofalus ym mhob drych. Gwyliwch am feiciau modur. Pan fydd yn ddiogel i chi wneud hynny, rhowch arwydd mewn da bryd, yna symudwch allan

- gwneud yn *siŵr* na fyddwch yn torri mewn ar draws y cerbyd yr ydych newydd ei basio

- bod yn hynod ofalus yn y nos ac mewn gwelededd gwael pan fydd yn fwy anodd barnu cyflymder a phellter.

Peidiwch â phasio ar y chwith na symud i lôn ar y chwith i chi i basio. Mewn tagfeydd, lle mae lonydd traffig nesaf at ei gilydd yn symud ar gyflymder tebyg, weithiau mae'r traffig yn y lôn chwith yn gallu symud yn gyflymach na thraffig ar y

A wyddoch chi a ydych chi'n ffit i yrru?

Trowch i reol 90-94 (tudalen 28)

dde. O dan yr amgylchiadau hyn, gallwch ddal i gydsymud â'ch traffig yn eich lôn chi hyd yn oed os yw hyn yn golygu mynd heibio i draffig yn y lôn ar y dde. Peidiwch â gwau o'r naill lôn i'r llall er mwyn pasio.

269

Llain galed. RHAID I CHI BEIDIO â defnyddio'r llain galed i basio. Mewn ardaloedd lle mae Cynllun Rheoli Traffig Gweithredol mewn grym, gellir defnyddio'r llain galed fel lôn redeg. Byddwch yn gwybod pan fyddwch yn gallu defnyddio'r llain galed oherwydd bydd arwydd uwchben pob lôn sydd ar agor yn dangos y cyfyngiad cyflymder, yn cynnwys y llain galed. Os oes croes goch neu arwydd du uwchben y llain galed, **RHAID I CHI BEIDIO** â gyrru ar y llain galed heblaw mewn argyfwng neu os ydych wedi torri lawr. Mae llochesi argyfwng wedi'u creu yn yr ardaloedd hyn i'w defnyddio mewn argyfwng neu os ydych wedi torri lawr.

Cyfreithiau MT(E&W)R rheoliadau 5, 5A a 9, MT(S)R rheoliadau 4 a 8

Rheol 269
Arwydd
ar gantri
uwchben
llain galed
yn dangos
croes goch

Stopio

270

RHAID I CHI BEIDIO â stopio ar y ffordd, y llain galed, ar slipffordd, llain ganol nac ymyl ffordd ac eithrio mewn argyfwng, neu lle dywedir wrthych am wneud hynny gan yr heddlu, swyddogion traffig mewn lifrau yr Asiantaeth Priffyrdd, arwydd argyfwng neu gan arwydd golau coch yn fflachio. Peidiwch â stopio ar y llain galed naill ai i wneud neu i dderbyn galwadau ar ffôn symudol.

Cyfreithiau MT(E&W)R rheoliadau 5A, 7, 9, 10 a 16,MT(S)R rheoliadau 6(1), 8, 9 a 14, PRA 2002 adran 41 ac atodlen 5(8), a RTA 1988 adrannau 35 a 163 fel y'i diwygiwyd gan TMA 2004, adran 6

RHAID I CHI BEIDIO â chodi neb na rhoi neb i lawr, na cherdded ar draffordd, ac eithrio mewn argyfwng.

Cyfreithiau RTRA adran 17 a MT(E&W)R rheoliad 15

Gadael y draffordd

Oni bai bod arwyddion yn dangos bod lôn yn arwain yn uniongyrchol oddi ar y draffordd, fel arfer byddwch yn gadael y draffordd ar hyd slipffordd ar y chwith i chi. Dylech

- wylio am arwyddion sy'n rhoi gwybod i chi eich bod yn agosáu at eich allanfa

- symud i'r lôn chwith ymhell cyn cyrraedd eich allanfa

- rhoi arwydd i'r chwith mewn da bryd ac arafu ar y slipffordd fel bo angen.

Wrth adael y draffordd neu ddefnyddio lôn gyswllt rhwng traffyrdd, gall eich cyflymder fod yn uwch na'r hyn feddyliech chi - gall 50 mya deimlo fel 30 mya. Edrychwch ar eich cloc cyflymder ac addaswch eich cyflymder yn ôl y galw. Mae gan rai slipffyrdd a ffyrdd cyswllt droadau cas a bydd angen i chi arafu.

Pa arwyddion fyddech chi'n disgwyl i'r person hwn eu rhoi?

Trowch i reol 105 (tudalen 35)
a'r arwyddion ar dudalen 105

Cerbydau'n torri lawr a digwyddiadau

Torri lawr

Os yw'ch cerbyd yn torri lawr, meddyliwch yn gyntaf am holl ddefnyddwyr eraill y ffordd, yna dylech

- gael eich cerbyd oddi ar y ffordd os yw'n bosibl

- rhybuddio unrhyw draffig arall drwy ddefnyddio'ch goleuadau rhybudd os yw eich cerbyd yn achosi rhwystr

- gwneud eich hun yn fwy amlwg i ddefnyddwyr eraill y ffordd drwy wisgo dillad golau neu fflwroleuol yng ngolau dydd a dillad adlewyrchol yn y nos neu mewn gwelededd gwael

- rhoi triongl rhybuddio ar y ffordd o leiaf 45 metr (147 troedfedd) y tu ôl i'ch cerbyd ar yr un ochr i'r ffordd, neu ddefnyddio dyfeisiau rhybuddio priodol eraill os ydynt gennych. Cymerwch ofal mawr bob amser wrth eu gosod neu eu casglu, ond peidiwch byth â'u defnyddio ar draffyrdd

- os yn bosib, cadwch eich goleuadau ochr ymlaen os yw hi'n dywyll neu os yw'r gwelededd yn wael

- peidiwch â sefyll (na gadael i neb arall sefyll) rhwng eich cerbyd a'r traffig sy'n dod tuag atoch

- yn y nos neu mewn gwelededd gwael, peidiwch â sefyll lle byddwch yn rhwystro defnyddwyr eraill y ffordd rhag gweld eich goleuadau.

Rheolau ychwanegol i'r draffordd

Os yw eich cerbyd yn datblygu problem, gadewch y drafffordd wrth yr allanfa nesaf neu tynnwch i mewn i ardal wasanaethu. Os na fedrwch wneud hynny, dylech

- dynnu draw i'r llain galed gan stopio mor bell i'r chwith ag sy'n bosibl, gyda'ch olwynion wedi'u troi i'r chwith

- ceisio stopio ger ffôn argyfwng (maent wedi'u lleoli bob rhyw filltir ar hyd y llain galed)

- gadael y cerbyd drwy'r drws chwith a gwneud yn *siŵr* fod eich teithwyr yn gwneud yr un fath. **RHAID** gadael unrhyw anifeiliaid yn y cerbyd neu, mewn argyfwng, eu cadw dan reolaeth ar y llain ymyl ffordd. Peidiwch byth â cheisio gosod triongl rhybuddio ar drafffordd

- peidio â rhoi eich hun mewn perygl drwy roi cynnig ar y gwaith atgyweirio symlaf hyd yn oed
- gwneud yn *siŵr* fod teithwyr yn cadw draw o'r ffordd a'r llain galed, a bod plant yn cael eu cadw o dan reolaeth

Rheol 275
Cadwch ddigon pell yn ôl oddi wrth y llain galed

- cerdded at ffôn argyfwng ar eich ochr chi o'r ffordd (dilynwch y saethau ar y pyst ar gefn y llain galed) - mae'n ffôn di-dâl sy'n eich cysylltu'n uniongyrchol â gweithredwr. Defnyddiwch hwn yn hytrach na ffôn symudol (gweler Rheol 283). Dylech bob amser wynebu'r traffig wrth siarad ar y ffôn
- rhoi manylion llawn i'r gweithredwr; dylech hefyd roi gwybod iddynt os ydych yn fodurwr sy'n agored i niwed, er enghraifft, os ydych yn anabl, yn berson hŷn neu'n teithio ar eich pen eich hun
- dychwelyd ac aros ger eich cerbyd (ymhell oddi wrth y ffordd a'r llain galed)
- os ydych yn teimlo dan fygythiad gan berson arall, ewch yn ôl i'ch cerbyd drwy'r drws chwith gan gloi pob drws. Gadewch eich cerbyd eto cyn gynted ag y teimlwch fod y perygl drosodd.

Cyfreithiau MT(E&W)R rheoliad 14 a MT(S)R rheoliad 12

276 Cyn ailymuno â'r ffordd ar ôl torri lawr, codwch eich cyflymder ar y llain galed ac edrychwch am fwlch diogel yn y traffig. Byddwch yn ymwybodol y gall cerbydau eraill fod yn sefyll yn eu hunfan ar y llain galed.

277 Os na allwch gael eich cerbyd ar y llain galed

- peidiwch â cheisio gosod unrhyw ddyfais rybuddio ar y ffordd
- rhowch eich goleuadau rhybuddio ymlaen
- dim ond pan allwch fynd oddi ar y ffordd yn ddiogel y dylech adael eich cerbyd.

278 Gyrwyr anabl. Os oes gennych anabledd sy'n eich atal rhag dilyn y cyngor uchod, dylech

- aros yn eich cerbyd
- rhoi eich goleuadau rhybuddio ymlaen
- dangos baner "Help" neu, os oes gennych ffôn car neu ffôn symudol, cysylltwch â'r gwasanethau argyfwng a byddwch yn barod i ddweud wrthynt beth yw eich lleoliad.

Rhwystrau

279 Os bydd rhywbeth yn syrthio oddi ar eich cerbyd (neu unrhyw gerbyd arall) i'r ffordd, ni ddylech stopio i'w godi ond pan fydd yn ddiogel i wneud hynny.

280 **Traffyrdd.** Ar drafffordd, peidiwch â cheisio symud y rhwystr eich hunan. Stopiwch wrth y ffôn argyfwng nesaf a ffoniwch am gymorth.

Digwyddiadau

281 **Arwyddion rhybudd neu oleuadau sy'n fflachio.** Os ydych yn gweld neu'n clywed cerbydau argyfwng neu gerbydau cefnogi adeg digwyddiad yn y pellter, byddwch yn ymwybodol y gallai fod digwyddiad o'ch blaen (gweler Rheol 219). Efallai y bydd angen i swyddogion yr Heddlu a swyddogion traffig weithio ar y ffordd, er enghraifft er mwyn delio gyda darnau ar y ffordd, gwrthdrawiadau neu i greu rhwystrau ffordd symudol. Bydd swyddogion yr heddlu yn defnyddio goleuadau-ôl coch a glas yn fflachio a bydd swyddogion traffig yn defnyddio goleuadau-ôl coch ac ambr yn fflachio mewn sefyllfaoedd o'r fath. Gwyliwch am signalau o'r fath, arafwch a byddwch yn barod i stopio.

RHAID i chi ddilyn unrhyw gyfarwyddiadau a roddir gan swyddogion yr heddlu neu swyddogion traffig er mwyn i chi allu mynd heibio'r digwyddiad neu'r rhwystr yn ddiogel.

Cyfreithiau RTA1988, adrannau 35 a 163, ac fel y'i diwygiwyd gan TMA 2004, adran 6

282 Wrth basio digwyddiad neu wrthdrawiad, peidiwch â chael eich llygad-dynnu nac arafu'n ddiangen (er enghraifft, os yw'r digwyddiad ar ochr arall ffordd ddeuol). Gall hyn achosi gwrthdrawiad neu dagfa, ond gweler Rheol 283.

283 Os ydych mewn gwrthdrawiad neu'n stopio i roi cymorth

- defnyddiwch eich goleuadau rhybudd i rybuddio'r traffig arall
- gofynnwch i yrwyr ddiffodd injan eu cerbydau a pheidio ag ysmygu
- trefnwch i'r gwasanaethau brys gael eu galw ar unwaith a rhowch fanylion llawn lleoliad y digwyddiad ac unrhyw rai sydd wedi'u hanafu (ar draffordd, defnyddiwch y ffôn argyfwng sy'n ei gwneud hi'n haws i'r gwasanaethau argyfwng leoli'r ddamwain. Os ydych yn defnyddio ffôn symudol, gwnewch yn *siŵr* eich bod yn gwybod eich lleoliad drwy edrych ar y pyst marcio wrth ochr y llain galed yn gyntaf)
- symudwch bobl sydd heb gael eu hanafu oddi wrth y cerbydau i fan diogel; ar draffordd, os yw'n bosibl, dylai hyn fod ymhell oddi wrth y traffig, y llain galed a'r llain ganol
- peidiwch â symud pobl sydd wedi'u hanafu o'u cerbydau oni bai bod perygl uniongyrchol y ceir tân neu ffrwydrad
- peidiwch â thynnu helmed beiciwr modur oni bai bod yn rhaid gwneud hynny
- byddwch yn barod i roi cymorth cyntaf fel a ddangosir ar dudalennau 131-133
- arhoswch wrth y ddamwain nes bydd y gwasanaethau argyfwng yn cyrraedd.

Os ydych mewn unrhyw argyfwng meddygol arall ar y draffordd, cysylltwch â'r gwasanaethau argyfwng yn yr un modd.

Digwyddiadau lle mae yna nwyddau peryglus

284 Mae cerbydau sy'n cario nwyddau peryglus mewn pecynnau yn cael eu dynodi gan blatiau oren plaen, adlewyrchol. Bydd gan danceri ffordd a cherbydau sy'n cario cynwysyddion tanc o nwyddau peryglus blatiau rhybuddio (gweler tudalen 117).

285 Os bydd digwyddiad yn cynnwys cerbyd sy'n cario nwyddau peryglus, dilynwch y cyngor yn Rheol 283, ac yn arbennig

- diffoddwch bob injan a **PHEIDIWCH AG YSMYGU**

- cadwch ymhell oddi wrth y cerbyd a pheidiwch â chael eich temtio i achub pobl sydd wedi cael eu hanafu gan y gallech chi eich hunan gael eich anafu

- ffoniwch y gwasanaethau brys a rhowch gymaint o wybodaeth ag sy'n bosibl am y labeli a'r marciau ar y cerbyd. **PEIDIWCH** â defnyddio ffôn symudol yn agos at gerbyd sy'n cario llwyth fflamadwy.

Dogfennau

286 Os ydych mewn gwrthdrawiad sy'n achosi difrod neu anaf i unrhyw berson, cerbyd, anifail neu eiddo arall, **RHAID** i chi

- stopio

- rhoi'ch enw chi ac enw a chyfeiriad perchennog y cerbyd, a rhif cofrestru'r cerbyd i unrhyw un sydd â sail resymol i ofyn amdanynt

- os nad ydych yn rhoi eich enw a'ch cyfeiriad ar adeg y gwrthdrawiad, dylech roi gwybod i'r heddlu amdano cyn gynted ag sy'n ymarferol bosibl ac o fewn 24 awr ym mhob achos.

Cyfraith RTA 1988 adran 170

287 Os caiff person arall ei anafu ac nad ydych yn cyflwyno eich tystysgrif yswiriant ar adeg y gwrthdrawiad i swyddog heddlu neu unrhyw un sydd â sail resymol i ofyn amdani, **RHAID** i chi

- roi gwybod i'r heddlu cyn gynted ag sy'n ymarferol bosibl ac o fewn 24 awr ym mhob achos

- cyflwyno eich tystysgrif yswiriant i'r heddlu o fewn 7 diwrnod.

Cyfraith RTA 1988 adran 170

Gwaith ffordd

288 Pan fydd yr arwydd 'Gwaith Ffordd o'ch Blaen' yn cael ei ddangos, bydd rhaid i chi fod yn fwy gwyliadwrus a chwilio am arwyddion ychwanegol sy'n rhoi cyfarwyddiadau mwy penodol. Glynwch wrth neges bob arwydd - maent yno er eich diogelwch chi a diogelwch y gweithwyr ar y ffordd.

- **RHAID I CHI BEIDIO** â gyrru'n gyflymach nag unrhyw gyfyngiad cyflymder dros dro.

- Defnyddiwch eich drychau a symudwch i'r lôn gywir ar gyfer eich cerbyd chi mewn da bryd fel mae'r arwyddion yn eich cyfarwyddo.

- Peidiwch â newid lonydd i basio traffig sydd mewn ciw.

- Cymrwch fwy o ofal yng nghyffiniau seiclwyr a beicwyr modur oherwydd maent yn fwy agored i sgidio ar raean, mwd neu ddarnau rhydd eraill ger y gwaith ffordd.

- Pan fo lonydd wedi cau oherwydd gwaith ar y ffordd, cyfunwch un ar ôl y llall (gweler Rheol 134).

- Peidiwch â gyrru drwy ardal sydd wedi'i dynodi gan gonau traffig.

- Gwyliwch am draffig sy'n mynd i mewn i neu'n dod allan o'r man gwaith, ond peidiwch â chael eich llygad-dynnu gan beth sy'n digwydd yno. Canolbwyntiwch ar y ffordd o'ch blaen ac nid ar y gwaith ffordd.

- Cofiwch y gallai'r gwaith, neu draffig araf neu gerbydau sy'n sefyll yn eu hunfan, fod yn achosi rhwystr ar y ffordd o'ch blaen.

- Cadwch bellter diogel - gall fod ciw o'ch blaen.

Cyfraith RTRA adran 16

Rheolau ychwanegol ar gyfer ffyrdd cyflym

289 Cymerwch ofal arbennig ar draffyrdd a ffyrdd deuol cyflym.

- Gallai un neu ragor o lonydd fod wedi'u cau i draffig a gallai cyfyngiad cyflymder is fod mewn grym.

- Weithiau, defnyddir cerbydau gwaith sy'n araf neu'n sefyll yn eu hunfan gydag arwydd mawr 'Cadwch i'r Chwith' neu 'Cadwch i'r Dde' ar y cefn i gau lonydd ar gyfer gwaith atgyweirio, ac mae'n bosib y defnyddir golau ar ffurf saeth sy'n fflachio fel bo'r cerbyd gwaith yn fwy amlwg o bellter er mwyn rhoi mwy o rybudd i yrwyr bod angen iddynt symud i lôn arall.

- Edrychwch yn y drychau, arafwch a newidiwch lonydd os bydd angen.
- Cadwch bellter diogel oddi wrth y cerbyd o'ch blaen (gweler Rheol 126).

290 Mae systemau Gwrthlif yn golygu y gallech fod yn teithio mewn lôn gulach nag arfer a heb rwystr parhaol rhyngoch a'r traffig sy'n dod tuag atoch. Gall y llain galed gael ei defnyddio ar gyfer traffig, ond byddwch yn ymwybodol y gallai fod cerbydau wedi torri lawr o'ch blaen. Cadwch bellter da oddi wrth y cerbyd o'ch blaen ac ufuddhewch i unrhyw gyfyngiadau cyflymder dros dro.

Croesfannau rheilffordd

291 Croesfan rheilffordd yw lle mae ffordd yn croesi lein y rheilffordd neu dramffordd. Dylech agosáu at y groesfan a'i chroesi gyda gofal. Peidiwch byth â gyrru ar groesfan nes bod y ffordd yn glir ar yr ochr draw a pheidiwch â mynd yn rhy agos at y car o'ch blaen. Peidiwch byth â stopio na pharcio ar groesfan, nac yn agos at un.

292 **Gwifrau trydan uwchben.** Mae'n beryglus i gyffwrdd gwifrau trydan uwchben. **RHAID** i chi ufuddhau i'r arwyddion ffordd rhybudd uchder diogel ac ni ddylech chi fynd yn eich blaen ar y rheilffordd os yw eich cerbyd yn cyffwrdd ag unrhyw far neu gloch uchder. Fel arfer, mae'r uchder clirio yn 5 metr (16 troedfedd 6 modfedd) ond gall fod yn is.

Cyfreithiau RTA 1988 adran 36, TSRGD 2002 rheoliad 17(5)

293 **Croesfannau rheoledig.** Ar y rhan fwyaf o groesfannau ceir arwyddion goleuadau traffig gyda golau ambr cyson, pâr o oleuadau stopio coch sy'n fflachio (gweler tudalennau 102 a 109) a larwm clywadwy i gerddwyr. Gallant fod â rhwystrau llawn, rhwystrau rhannol neu ddim rhwystrau o gwbl.

- **RHAID** ufuddhau bob amser i'r goleuadau stopio coch sy'n fflachio.
- **RHAID** stopio tu ôl i'r llinell wen ar draws y ffordd.

- Daliwch i fynd os ydych eisoes wedi croesi'r llinell wen pan ddaw'r golau ambr ymlaen.

- Peidiwch â bacio yn ôl i groesfan rheoledig na throsto.

- **RHAID** aros os oes trên wedi mynd heibio a bod y goleuadau coch yn dal i fflachio. Mae hyn yn golygu y bydd trên arall yn mynd heibio'n fuan.

- Dim ond ar ôl i'r goleuadau ddiffodd ac i'r rhwystrau agor y cewch groesi.

- Peidiwch byth â mynd igam-ogam o gwmpas rhannau'r rhwystrau; maent yn dod i lawr yn awtomatig am fod trên yn agosáu.

- Ar groesfannau lle nad oes rhwystrau, mae trên yn agosáu pan fydd y goleuadau'n dangos.

Cyfreithiau RTA 1988 adran 36 a TSRGD rheoliadau 10 a 40

Ffonau rheilffordd. Os ydych yn gyrru cerbyd sy'n fawr neu'n araf, cerbyd hir ac isel sydd mewn perygl o daro'r ddaear, neu'n bugeilio anifeiliaid, gallai trên gyrraedd cyn i chi groesi'r groesfan yn gyfan gwbl. **RHAID** ufuddhau i unrhyw arwydd sy'n eich cyfarwyddo i ddefnyddio ffôn y rheilffordd i gael caniatâd i groesi. **RHAID** hefyd ffonio pan fyddwch wedi mynd dros y groesfan, os oes gofyn i chi wneud hynny.

Cyfreithiau RTA 1988 adran 36 a TSRGD rheoliadau 10 a 16(1)

295 **Croesfannau heb oleuadau.** Dylai cerbydau stopio ac aros wrth y glwyd neu'r giât pan fydd yn dechrau cau, a pheidio â chroesi nes bydd y glwyd neu'r giât yn agor.

296 **Rhwystrau neu giatiau sy'n cael eu gweithio gan ddefnyddwyr.** Mae gan rai croesfannau arwyddion 'Stop' a goleuadau bach coch a gwyrdd. **RHAID I CHI BEIDIO** â chroesi pan fydd y golau coch yn dangos; dim ond pan fydd y golau gwyrdd ymlaen y cewch groesi. Os ydych yn groesi mewn cerbyd, dylech

- agor y giatiau neu'r clwydi ar y ddwy ochr i'r groesfan
- gwneud yn *siŵr* fod y golau gwyrdd ymlaen o hyd a chroesi'n gyflym
- cau'r giatiau neu'r clwydi pan fyddwch wedi croesi'r groesfan.

Cyfreithiau RTA 1988 adran 36 a TSRGD rheoliadau 10 a 52(2)

297 Os nad oes goleuadau, dilynwch y drefn yn Rheol 295. Stopiwch, edrychwch i'r ddau gyfeiriad a gwrandewch cyn i chi groesi. Os oes ffôn rheilffordd, dylech ei ddefnyddio bob amser i gysylltu â rheolwr signalau i wneud yn siŵr ei bod yn ddiogel i groesi. Rhowch wybod i'r rheolwr signalau eto pan fyddwch wedi croesi'r groesfan.

298 **Croesfannau agored.** Nid oes giatiau, rhwystrau, gofalwyr na goleuadau traffig ar y rhain, ond bydd yna arwydd 'Ildiwch/Give Way'. Dylech edrych i'r ddau gyfeiriad, gwrando a gwneud yn siŵr nad oes trên yn dod cyn croesi.

299 **Digwyddiadau a thorri lawr.** Os yw eich cerbyd yn torri lawr, neu os cewch ddigwyddiad ar groesfan, dylech

- gael pawb allan o'r cerbyd ac oddi ar y groesfan ar unwaith
- defnyddio ffôn rheilffordd os oes un ar gael i roi gwybod i reolwr y signalau. Dilynwch y cyfarwyddiadau a roddir i chi
- symud y cerbyd oddi ar y groesfan os oes amser cyn i drên gyrraedd. Os bydd y larwm yn canu, neu os daw'r golau ambr ymlaen, gadewch y cerbyd a safwch yn glir o'r groesfan ar unwaith.

Tramffyrdd

300 **RHAID I CHI BEIDIO** â mynd ar ffordd, lôn na llwybr arall sy'n cael ei gadw i dramiau. Cymerwch ofal arbennig lle mae'r tramiau'n rhedeg ar hyd y ffordd. Dylech geisio osgoi gyrru yn union dros ben y cledrau a dylech fod yn ofalus lle mae tramiau yn gadael y brif lôn i fynd ar lôn sy'n cael eu cadw ar eu cyfer fel nad ydych yn eu dilyn. Yn aml, mae'r lled a gymerir gan y tramiau yn cael ei ddangos gan lonydd tram wedi'u marcio gan linellau gwyn, dotiau melyn neu gan fath gwahanol o wyneb ar y ffordd. Dim ond rhoi cyfarwyddiadau i yrwyr tramiau y mae arwyddion siâp diemwnt a signalau golau gwyn.

Cyfraith RTRA adrannau 5 a 8

301 Cymerwch ofal arbennig lle mae'r trac yn croesi o'r naill ochr o'r ffordd i'r llall a lle mae'r ffordd yn culhau a'r traciau'n dod yn agos at ymyl y palmant. Fel arfer, mae gan yrwyr tramiau eu signalau traffig eu hunain ac efallai eu bod yn cael symud pan fyddwch chi'n gorfod aros yn eich unfan. Dylech ildio i dramiau bob amser. Peidiwch â cheisio eu rasio, eu pasio na mynd heibio iddynt ar yr ochr fewn, oni bai eu bod ger safle tramiau neu wedi stopio o flaen signal i dramiau, a bod yna lôn ddynodedig i dramiau i chi fynd heibio iddynt.

302 **RHAID I CHI BEIDIO** â pharcio eich cerbyd lle gallai fod yn ffordd y tramiau neu lle gallai orfodi gyrwyr eraill i fynd i'w ffordd. Peidiwch â stopio ar unhyw ddarn o drac tramiau, heblaw mewn mannau dynodedig ar ochr y trac ac yn glir ohono. Wrth wneud hynny, sicrhewch fod pob rhan o'ch cerbyd y tu allan i lwybr diffiniedig y tramiau. Cofiwch na all tram lywio o amgylch rhwystr.

Cyfraith RTRA adrannau 5 a 8

303 **Safleoedd tramiau.** Lle mae'r tramiau'n stopio wrth blatffform, un ai yng nghanol neu ar ochr y ffordd, **RHAID** i chi ddilyn y llwybr sy'n cael ei ddangos gan arwyddion a marciau ar y ffordd. Wrth arosfannau heb blatffform, **RHAID I CHI BEIDIO** â gyrru rhwng tram ac ymyl y palmant ar y chwith pan fydd tram wedi stopio i godi teithwyr. Os nad oes arwyddion ar gyfer llwybr arall, peidiwch â phasio'r tram - arhoswch nes ei fod wedi dechrau symud.

Cyfraith RTRA adrannau 5 a 8

304 Gwyliwch am gerddwyr, yn enwedig plant, sy'n rhedeg allan i ddal tram sy'n dod at arhosfan.

305 Dylech roi blaenoriaeth i dramiau bob amser, yn enwedig wrth iddynt roi arwydd eu bod am ddechrau symud ar ôl stopio ger arhosfan, oni bai ei bod hi'n anniogel gwneud hynny. Cofiwch y gallent fod yn cario nifer fawr o deithwyr sy'n sefyll ar eu traed a gallai'r teithwyr hynny gael eu hanafu pe bai'n rhaid i'r tram stopio ar frys. Gwyliwch am bobl sy'n dod oddi ar fws neu dram ac yn croesi'r ffordd.

306 Dylai pob defnyddiwr ffordd, yn enwedig seiclwyr a beicwyr modur, gymryd gofal arbennig wrth fynd yn agos at draciau neu wrth eu croesi, yn enwedig os yw'r cledrau'n wlyb. Dylech gymryd gofal arbennig wrth groesi'r cledrau ar ongl lem, ar gorneli ac ar groesffyrdd. Mae'n fwy diogel croesi'r traciau'n uniongyrchol ar ongl sgwâr. Dylai defnyddwyr eraill y ffyrdd fod yn ymwybodol bod efallai angen mwy o le ar seiclwyr a beicwyr modur i groesi'r traciau'n ddiogel.

307 **Gwifrau trydan uwchben.** Fel arfer, mae gwifrau uwchben tramffyrdd 5.8 metr uwchben unrhyw lôn, ond gallant fod yn is. Dylech sicrhau bod digon o le rhwng y wifren a'ch cerbyd (yn cynnwys unrhyw lwyth y gallech fod yn ei gario), cyn gyrru o dan wifren uwchben. Dylai gyrwyr cerbydau gyda chraeniau sy'n ymestyn, trawstiau, offer tipio neu fathau eraill o offer y gellir amrywio'u huchder, sicrhau bod yr offer wedi'i ostwng i'r uchder isaf. Os yw'r gwifrau uwchben yn is na 5.8 metr, dynodir hynny gyda marciau uchder - sy'n debyg i arwyddion 'pont isel'. Dylech gymryd sylw ac ufuddhau i'r marciau uchder ar y platiau hyn. Os nad ydych yn siŵr a fydd eich cerbyd yn gallu mynd heibio o dan y gwifrau'n ddiogel, dylech gysylltu â'r heddlu lleol neu weithredwr y dramffordd bob tro. Peidiwch â'i mentro hi oherwydd gallai hynny fod yn beryglus iawn.

Ydych chi'n gwybod beth i'w wneud os yw'ch cerbyd yn mynd ar dân?

Trowch i atodiad 6 (tudalen 128)

Arwyddion goleuadau sy'n rheoli traffig

Arwyddion goleuadau traffig

Mae COCH yn golygu 'Stopiwch'. Arhoswch y tu ôl i'r llinell stopio ar y ffordd gerbydau

Mae COCH ac AMBR hefyd yn golygu 'Stopiwch'. Peidiwch â mynd drwodd na chychwyn nes i'r golau GWYRDD ymddangos

Mae GWYRDD yn golygu y cewch fynd yn eich blaen os yw'r ffordd yn glir. Byddwch yn arbennig o ofalus os ydych yn bwriadu troi i'r chwith neu i'r dde, ac ildiwch i gerddwyr sy'n croesi

Mae AMBR yn golygu 'Stopiwch' wrth y llinell stopio. Dim ond os yw'r golau AMBR yn ymddangos ar ôl i chi groesi'r llinell stopio y cewch fynd yn eich blaen, neu os ydych mor agos ati fel y gallai stopio achosi damwain

Weithiau ceir SAETH WERDD yn ychwanegol at y golau gwyrdd llawn os caniateir symud i gyfeiriad arbennig cyn neu ar ôl y golau gwyrdd llawn. Os yw'r ffordd yn glir gallwch fynd yn eich blaen, ond dim ond i'r cyfeiriad a ddangosir gan y saeth. Cewch wneud hyn waeth pa oleuadau eraill sydd i'w gweld. Efallai y ceir arwyddion goleuadau gwyn ar gyfer tramiau

Goleuadau coch yn fflachio

Mae goleuadau coch yn fflachio am yn ail yn golygu bod RHAID I CHI STOPIO

Ger croesfannau rheilffordd, pontydd sy'n codi, meysydd awyr, gorsafoedd tân, ayb

Arwyddion traffyrdd

RHAID I CHI BEIDIO â mynd ymhellach yn y lôn hon

Newidiwch lôn

Gwelededd gwael o'ch blaen

Y lôn o'ch blaen ar gau

Uchafswm cyflymder dros dro a awgrymir a neges er gwybodaeth

Gadewch y drafffordd ar yr allanfa nesaf

Uchafswm cyflymder dros dro a awgrymir

Diwedd cyfyngiad

Arwyddion rheoli lonydd

Saeth gwyrdd - lôn ar agor i draffig sy'n wynebu'r arwydd
Croesau coch - lôn ar gau i draffig sy'n wynebu'r arwydd
Saeth gwyn lletraws - newidiwch lonydd i'r cyfeiriad a ddangosir

Arwyddion i ddefnyddwyr eraill y ffordd

Arwyddion cyfeirwyr i ddangos cyfeiriad

Rwy'n bwriadu symud allan
i'r dde neu droi i'r dde

Rwy'n bwriadu symud i mewn
i'r chwith neu droi i'r chwith

Arwyddion golau brecio   Arwyddion golau bacio

Rwy'n brecio

Rwy'n bwriadu bacio

Dim ond i'r pwrpasau a ddisgrifiwyd y dylech ddefnyddio'r arwyddion hyn.

Arwyddion braich

I'w defnyddio pan na fydd arwyddion cyfeirwyr yn cael eu defnyddio i ddangos cyfeiriad, neu pan fydd angen cadarnhau arwyddion cyfeirwyr a goleuadau stopio. *Gall beicwyr a'r rhai sy'n gyfrifol am geffylau eu defnyddio hefyd.*

Rwy'n bwriadu symud
i mewn i'r chwith neu
droi i'r chwith

Rwy'n bwriadu
symud allan i'r dde
neu droi i'r dde .

Rwy'n bwriadu arafu
neu stopio

Arwyddion gan bersonau ag awdurdod

Swyddogion yr Heddlu

Stopiwch

Traffig yn agosáu
o'r tu blaen

Traffig yn agosáu o'r tu
blaen a'r tu ôl

Traffig yn agosáu
o'r tu ôl

Galw ar draffig i symud ymlaen

O'r ochr

O'r tu blaen

O'r tu ôl*

Arwyddion braich i'r rhai sy'n rheoli traffig

Rydw i am fynd yn
syth ymlaen

Rydw i am droi i'r chwith;
defnyddiwch y naill law neu'r llall

Rydw i am droi i'r dde

*Yng Nghymru, mae arwyddion dwyieithog yn ymddangos ar gerbydau'r gwasanaethau brys ac ar
ddillad y swyddogion

Swyddogion Asiantaeth Safonau Gyrwyr a Cherbydau a swyddogion traffig

Swyddog traffig

Swyddog DVSA

Bellach mae gan y swyddogion hyn bwerau newydd i stopio/cyfeirio cerbydau a byddant yn rhoi arwyddion gyda'r dwylo a gyda golau, yn debyg i'r arwyddion a roddir gan yr heddlu. **RHAID** i chi ufuddhau i unrhyw arwyddion a roddir (gweler Rheolau 107 a 108).

Rheolwr croesfan ysgol

Nid yw'n barod i adael i'r cerddwyr groesi

Rhwystr i atal y cerddwyr rhag croesi

Barod i adael i'r cerddwyr groesi, rhaid i gerbydau fod yn barod i stopio

Rhaid i bob cerbyd stopio

Arwyddion traffig

Arwyddion sy'n gorchymyn

Arwyddion gwahardd yw arwyddion o fewn cylchoedd coch gan mwyaf. Mae platiau o dan arwyddion yn esbonio eu neges.

Mynedfa
i barth 20 mya

Diwedd
parth 20
mya

Cyflymder
uchaf

Cyfyngiad
cyflymder
cenedlaethol
mewn grym

Rheolwr
croesfan ysgol

Stopiwch
ac ildiwch

Ildiwch
i draffig ar
brif ffordd

Arwyddion dros dro sy'n cael
eu defnyddio â llaw

Dim mynediad
i gerbydau

Dim cerbydau
heblaw am feiciau
sy'n cael eu gwthio

Dim seiclo

Dim
cerbydau
modur

Dim bysiau
(â mwy nag 8
sedd teithiwr)

Dim pasio

Dim
carafanau'n
cael eu tynnu

Dim cerbydau'n
cario ffrwydron

Dim cerbyd na
chyfuniad o
gerbydau dros
yr hyd a nodir

Dim cerbydau
dros yr uchder
a nodir

Dim cerbydau
dros y lled
a nodir

Ildiwch
i gerbydau'n
dod o'r
cyfeiriad arall

Dim tro
i'r dde

Dim tro
i'r chwith

Dim troeon
pedol

Dim cerbydau
nwyddau dros y
pwysau gros uchaf
a nodir (mewn tunelli
metrig) ac eithrio
llwytho a dadlwytho

Nodwch: Er bod *Rheolau'r Ffordd Fawr* yn dangos nifer o'r arwyddion sy'n cael eu defnyddio'n gyffredin, gallwch gael eglurhad cynhwysfawr o'n system arwyddion yn llyfryn yr Adran, *Know Your Traffic Signs*, sydd ar werth gan lyfrwerthwyr. Mae'r llyfryn hefyd yn darlunio ac yn egluro mwyafrif llethol yr arwyddion y mae defnyddwyr y ffyrdd yn debygol o ddod ar eu traws. Nid yw'r holl arwyddion a welir yn *Rheolau'r Ffordd Fawr* ar yr un raddfa. Yng Nghymru, mae fersiynau dwyieithog o rai arwyddion yn cael eu defnyddio, yn cynnwys fersiynau Cymraeg a Saesneg o enwau lleoedd. Gellir gweld rhai arwyddion o fathau hŷn ar y ffyrdd o hyd.

Dim cerbydau
dros y pwysau
gros uchaf a
nodir (mewn
tunelli metrig)

Parcio wedi'i
gyfyngu
i ddeiliaid
trwydded

Dim stopio yn ystod
y cyfnod a nodir
heblaw am fysiau

Dim stopio yn ystod
yr amseroedd a
nodir ac eithrio
cyhyd ag y bydd ei
angen i godi neu
ollwng teithwyr

Dim aros

Dim stopio
(Clirffordd)

Mae arwyddion ar gylchoedd glas heb ymylon coch yn rhoi cyfarwyddyd cadarnhaol gan mwyaf.

Ymlaen
yn unig

Trowch i'r
chwith ymhellach
ymlaen (i'r dde
os troir y symbol
o amgylch)

Trowch i'r
chwith (i'r
dde os troir
y symbol
o amgylch)

Cadwch i'r
chwith (i'r dde
os troir y symbol
o amgylch)

Gall cerbydau
fynd heibio ar
y ddwy ochr
i gyrraedd yr
un man

Cylchfan fach
(cylchrediad
cylchfan - ildiwch
i gerbydau
o'r dde)

Llwybr i'w
ddefnyddio
gan feiciau
yn unig

Llwybr ar
wahân i feiciau
a cherddwyr

Cyflymder isaf

Diwedd y
cyflymder isaf

Bysiau a
beiciau
yn unig

Tramiau
yn unig

Man croesi
i gerddwyr
dros
dramffordd

Traffig unffordd
(nodwch:
cymharwch â'r
arwydd crwn
'Ymlaen yn unig')

Lôn fysiau a beiciau
gyda'r llif

Lôn fysiau yn erbyn
y llif

Lôn feiciau gyda'r llif

107

Arwyddion rhybuddio

Trionglog gan mwyaf

Pellter at y llinell 'STOP' ymlaen

Ffordd ddeuol yn dod i ben

Ffordd yn culhau ar y dde (ar y chwith os troir y symbol o amgylch)

Ffordd yn culhau ar y ddwy ochr

Pellter at y llinell 'Ildiwch' 'Give Way' ymlaen

Croesffordd

Cyffordd ar y tro o'ch blaen

Cyffordd-T gyda blaenoriaeth dros gerbydau o'r dde

Cyffordd groesgam

Traffig yn ymuno o'r chwith o'ch blaen

Mae'r llinell letach yn dangos y ffordd drwodd sy'n cael blaenoriaeth

Tro dwbl i'r chwith yn gyntaf (gallai'r symbol gael ei droi o amgylch)

Tro i'r dde (neu i'r chwith os troir y symbol o amgylch)

Cylchfan

Ffordd anwastad

Plât o dan rai arwyddion

Traffig dwyffordd yn croesi heol unffordd

Traffig dwyffordd yn union o'ch blaen

Pont yn agor o'ch blaen

Awyrennau'n hedfan yn isel neu swn awyrennau sydyn

Cerrig yn syrthio neu wedi syrthio

Goleuadau traffig nad ydynt yn cael eu defnyddio

Goleuadau traffig

Ffordd lithrig

Rhiw serth i lawr

Rhiw serth i fyny

Gall y graddiant gael ei ddangos fel cymhareb h.y. 20% = 1:5

Twnnel o'ch blaen

Tramiau'n croesi o'ch blaen

Croesfan rheilffordd â chlwyd neu giât o'ch blaen

Croesfan rheilffordd heb glwyd na giât o'ch blaen

Croesfan rheilffordd heb glwyd

108

Arwyddion rhybuddio - parhad

Patrol

Rheolwr croesfan ysgol o'ch blaen (mae gan rai arwyddion oleuadau ambr sy'n fflachio pan fydd plant yn croesi)

Man croesi i'r henoed o'ch blaen (i'r deillion neu'r anabl os dangosir hynny)

No footway for 400 yds

Cerddwyr ar y ffordd o'ch blaen

Pan fo croesfannau ar waith

Safe height 16'-6"

Cebl trydan uwchben; mae'r plât yn nodi'r uchder mwyaf sy'n ddiogel i gerbydau

14'-6" **4.4m**

Dangosir yr uchder mwyaf all fynd trwodd

Gwyriad sydyn i'r chwith yn y ffordd (neu i'r dde os troir y llinellau onglog o amgylch)

STOP when lights show

Arwyddion goleuadau o'ch blaen wrth groesfan rheilffordd, maes awyr neu bont

Red STOP
Green Clear
IF NO LIGHT - PHONE CROSSING OPERATOR

Goleuadau rhybuddio bach ar groesfannau rheilffordd

Gwartheg

Anifeiliaid gwyllt

Ceffylau neu ferlod gwyllt

Ceffylau neu ferlod yn cael eu hebrwng

Llwybr beiciau o'ch blaen

Ice

Perygl o rew

Queues likely

Oedi yn debygol o'ch blaen

Humps for ½ mile

Y pellter y mae'r twmpathau'n ymestyn drosto

Hidden dip

Perygl arall; mae'r plât yn nodi natur y perygl

Soft verges for 2 miles

Lleiniau ymyl ffordd meddal

Gwyntoedd o'r ochr

Pont gefngrwm

Ford

Rhybudd geiriol

Cei neu lan afon

Perygl taro'r ddaear

Arwyddion cyfeirio

Rhai petryal gan mwyaf

Arwyddion ar draffyrdd - cefndir glas

Wrth gyffordd yn arwain yn union at draffordd (efallai y bydd rhif y gyffordd wedi'i ddangos ar gefndir du)

Wrth ddod at gyffyrdd (rhif y gyffordd ar gefndir du)

Arwydd cadarnhau'r ffordd ar ôl cyffordd

Saethau yn pwyntio am i lawr sy'n golygu 'Ewch i'ch lôn'
Mae'r lôn ar y chwith yn arwain i gyrchfan wahanol i'r lonydd eraill.

Mae'r panel â'r saeth ar oledd yn dangos y cyrchfannau y mae modd eu cyrraedd drwy ymadael â'r drafffordd ar y gyffordd nesaf

Arwyddion ar brif ffyrdd - cefndir gwyrdd

Wrth ddod at gyffyrdd

Wrth y gyffordd

Arwydd cadarnhau'r ffordd ar ôl cyffordd

Wrth ddod at gyffyrdd

Wrth ddod at gyffordd yng Nghymru (dwyieithog)

Mae paneli glas yn dynodi bod y drafffordd yn dechrau o'r gyffordd o'ch blaen.
Gellir cyrraedd y drafffordd a nodir rhwng cromfachau hefyd drwy deithio i'r cyfeiriad hwnnw.
Mae paneli gwyn yn dynodi ffyrdd lleol neu rai nad ydynt yn brif ffyrdd sy'n arwain o'r gyffordd o'ch blaen.
Mae paneli brown yn dangos y ffordd i atyniadau twristiaid.
Efallai y bydd enw'r gyffordd i'w weld ar ben yr arwydd.
Mae'r symbol awyren yn dangos y ffordd i faes awyr.
Efallai y bydd symbol wedi'i gynnwys i rybuddio rhag perygl neu gyfyngiad ar y ffordd honno.

Arwyddion cefndir gwyrdd - parhad

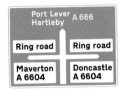

Prif lwybr yn ffurfio rhan o gylchffordd

Arwyddion ar ffyrdd nad ydynt yn brif ffyrdd a ffyrdd lleol - ymylon du

Wrth ddod at gyffyrdd

Wrth ddod at gyffyrdd

Wrth y gyffordd

WC

Y cyfeiriad i doiledau sydd â mynediad i'r anabl

Mae paneli gwyrdd yn dangos bod y brif ffordd yn dechrau o'r gyffordd o'ch blaen.
Mae rhifau ffordd ar gefndir glas yn dangos y ffordd at drafffordd.
Mae rhifau ffordd ar gefndir gwyrdd yn dangos y ffordd at brif ffordd.

Arwyddion cyfeirio eraill

Safle picnic

Heneb yng ngofal Cadw/
English Heritage

Y Cyfeiriad i faes parcio

Atyniad twristiaid

Y cyfeiriad i faes
carafanau a phebyll

Ffordd a argymhellir
i loriau

Llwybr ar gyfer
beiciau sy'n rhan
o rwydwaith

Llwybr a argymhellir
i feiciau i'r man a nodir

Llwybr i gerddwyr

Symbolau'n nodi gwyriad ffordd mewn
argyfwng i draffig ar draffyrdd a phriffyrdd eraill

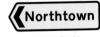

Gwyriad ffordd

Arwyddion gwybodaeth

Petryal i gyd

Mynediad
i barth parcio
a reolir

Mynediad i barth
y dreth dagfa

Diwedd parth
parcio a reolir

Rhybudd ymlaen
llaw am gyfyngiad
neu waharddiad
o'ch blaen

Lle parcio i feiciau
modur ar eu pen
eu hunain

Lôn fysiau gyda'r
llif o'ch blaen y caiff
beiciau a thacsis ei
defnyddio hefyd

Lôn wedi'i dynodi
i'w defnyddio
gan gerbydau
gyda mwy nag un
person ynddynt -
gweler rheol 142

Y cerbydau a gaiff
ddefnyddio'r lôn ar gyfer
cerbydau gyda mwy
nag un person ynddynt

Diwedd y
drafordd

Dechrau'r drafordd a
man dechrau rheolau'r
drafordd

Lonydd traffig priodol ar
gyffordd o'ch blaen

Y traffig ar y brif lôn
sy'n dod o'r dde sydd
â blaenoriaeth dros y
traffig sy'n ymuno

Traffig ychwanegol yn ymuno o'r
chwith o'ch blaen. Y traffig ar y brif
lôn sydd â blaenoriaeth dros y traffig
sy'n ymuno o'r lôn dde ar y slipffordd

Y traffig ar lôn dde'r
slipffordd sy'n ymuno
â'r brif lôn sydd â
blaenoriaeth dros y
lôn chwith

Arwyddion dynodi ger allanfa oddi ar drafordd (mae pob bar
yn cynrychioli 100 llath i'r allanfa). Gellir defnyddio arwyddion
dynodi â chefndir gwyrdd ar brif ffyrdd a rhai â chefndir gwyn
a bariau du ar ffyrdd eraill. Gellir defnyddio arwyddion dynodi
â chefndir gwyn gyda bariau coch ar ffyrdd yn nesáu at
groesfannau rheilffyrdd cudd. Er bod y pellter rhwng y rhain yn
gyfartal, nid yw'r bariau'n cynrychioli pellter o 100 llath.

Arwydd man gwasanaethau
ar drafordd sy'n dangos
enw'r gweithredwr

112

Arwyddion gwybodaeth - parhad

Blaenoriaeth dros gerbydau'n dod i gwrdd â chi

Priority over oncoming vehicles

Ysbyty o'ch blaen gyda chyfleusterau Damweiniau ac Achosion Brys

Man gwybodaeth i ymwelwyr

Dim ffordd drwodd i gerbydau

Llwybr a argymhellir i feiciau

Mynediad i'r Parth Cartrefi (Home Zone)

Ardal lle defnyddir camerâu er mwyn atgyfnerthu rheoliadau traffig

Lôn fysiau ar y ffordd wrth gyffordd o'ch blaen

Arwyddion gwaith ffordd

Gwaith ffordd

Cerrig mân

Perygl dros dro ger y gwaith ffordd

Lôn ar gau dros dro (gall nifer y saethau a'r bariau coch a'u safleoedd amrywio yn dibynnu ar ba lonydd sydd ar agor ac ar gau)

Cerbydau gwaith araf neu rai sy'n sefyll yn eu hunfan yn cau lôn draffig. Dylech basio i'r cyfeiriad a nodir gan y saeth.

Cyfyngiad cyflymder gorfodol o'ch blaen

Gwaith ffordd 1 filltir o'ch blaen

Diwedd y gwaith ffordd ac unrhyw gyfyngiadau dros dro

Arwyddion a ddefnyddir ar gefn cerbydau araf neu rai sy'n sefyll yn eu hunfan i roi rhybudd fod lôn o'ch blaen wedi'i chau gan gerbyd gwaith. Ni cheir conau ar y ffordd.

Cyfyngiadau lonydd ger y gwaith ffordd o'ch blaen

Un lôn yn croesi drosodd ger gwaith ffordd gwrthlif

Marciau ar y ffordd

Ar draws y lôn gerbydau

Llinell stopio wrth arwyddion neu fan rheoli gan yr heddlu

Llinell stopio wrth arwydd 'Stop'

Llinell stopio i gerddwyr ger croesfannau rheilffordd

Ildiwch i draffig ar brif ffordd (gellir hefyd ei ddefnyddio ar gylchfannau bach)

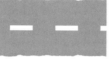
Ildiwch i draffig o'r dde ar gylchfan

Ildiwch i draffig o'r dde ar gylchfan fach

Ar hyd y lôn gerbydau

Llinell derfyn

Llinell ganol
Gweler Rheol 127

Llinell rybuddio
Gweler Rheol 127

Llinellau gwyn dwbl
Gweler Rheolau 128 a 129

Gweler Rheol 130

Llinellau lonydd
Gweler Rheol 131

Ar hyd ymyl y lôn gerbydau

Cyfyngiadau aros

Mae cyfyngiadau aros sy'n cael eu nodi gan linellau melyn yn berthnasol i lonydd cerbydau, palmentydd ac ymylon ffyrdd. Cewch aros i lwytho neu ddadlwytho (oni bai bod yna hefyd gyfyngiadau llwytho fel a ddisgrifir isod) neu i godi neu ollwng teithwyr. Mae llinellau melyn dwbl yn golygu dim aros ar unrhyw adeg, oni bai bod arwyddion sy'n nodi cyfyngiadau tymhorol penodol. Mae'r amseroedd pryd y mae'r cyfyngiadau yn berthnasol i farciau eraill ar y ffordd i'w gweld ar blatiau cyfagos neu ar arwyddion mynediad i barthau parcio a reolir. Os nad oes diwrnodau wedi'u nodi ar yr arwyddion, mae'r cyfyngiadau mewn grym bob dydd yn cynnwys ar y Sul a Gwyliau Banc. Mae marciau cilfach gwyn ac arwyddion talsyth (gweler isod) yn nodi ymhle y caniateir parcio.

Dim aros ar unrhyw adeg

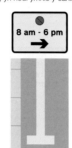

8 am - 6 pm →

Dim aros yn ystod yr amseroedd a ddangosir ar yr arwydd

P Mon - Sat 8 am - 7 pm 20 mins No return within 40 mins

Cyfyngir aros i'r amseroedd a'r cyfnod o amser a bennir ar y dyddiau a nodir

Rheolaeth aros ar Ffyrdd Coch

Mae llinellau coch yn cael eu defnyddio ar rai ffyrdd yn lle llinellau melyn. Yn Llundain, defnyddir llinellau coch dwbl a sengl ar Lwybrau Coch i ddangos bod aros i barcio, llwytho/dadlwytho neu fynd i/dod oddi ar gerbyd (ac eithrio tacsi trwyddedig os oes gennych Fathodyn Glas) wedi'i wahardd. Mae'r llinellau coch yn berthnasol i'r lôn gerbydau, y palmant ac ymylon ffyrdd. Dangosir yr amseroedd pryd y mae gwaharddiadau'r llinellau coch mewn grym ar arwyddion gerllaw, ond mae llinell goch ddwbl BOB AMSER yn golygu na cheir aros ar unrhyw adeg. Ar Ffyrdd Coch cewch aros i barcio, llwytho/dadlwytho o fewn bocsys sydd wedi'u marcio'n arbennig, ac mae arwyddion cyfagos yn manylu ar yr amseroedd, y pwrpas ac am faint o amser y caniateir hyn. Mae bocs AG AMLINELL GOCH yn dynodi mai dim ond am ran o'r diwrnod y mae ar gael i'r pwrpas a nodwyd (e.e rhwng yr oriau brig prysur). Mae bocs AG AMLINELL GWYN yn golygu ei fod ar gael drwy gydol y dydd.

NI ALL LLINELLAU COCH A LLINELLAU MELYN SENGL OND RHOI ARWEINIAD I'R CYFYNGIADAU A'R RHEOLAU SYDD MEWN GRYM A DYLECH EDRYCH AR ARWYDDION GERLLAW NEU ARWYDDION WRTH DDOD I MEWN I'R PARTH I GAEL Y MANYLION.

RED ROUTE No stopping at any time

Dim aros ar unrhyw adeg

RED ROUTE No stopping Mon - Sat 7 am - 7 pm

Dim aros yn ystod yr amseroedd a ddangosir ar yr arwydd

RED ROUTE P Mon - Sat 7 am - 7 pm 1 hour No return within 2 hours

Cyfyngir parcio i'r amseroedd a'r cyfnod o amser a bennir ar y dyddiau a nodir

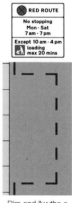

RED ROUTE No stopping Mon - Sat 7 am - 7 pm Except 10 am - 4 pm loading max 20 mins

Dim ond llwytho a ganiateir yn ystod yr amseroedd a ddangosir, am hyd at 20 munud

Ar ymyl y palmant neu ar ymyl y lôn gerbydau

Cyfyngiadau llwytho ar ffyrdd heblaw am Ffyrdd Coch

Mae marciau melyn ar ymyl y palmant neu ar ymyl y lôn gerbydau yn dynodi bod llwytho a dadlwytho yn cael eu gwahardd yn ystod yr amseroedd sydd wedi'u nodi ar y platiau du a gwyn cyfagos. Gallwch aros i godi neu ollwng teithwyr. Os nad oes diwrnodau wedi'u nodi ar yr arwyddion mae'r cyfyngiadau mewn grym bob dydd yn cynnwys ar y Sul a Gwyliau Banc.

EDRYCHWCH AR YR AMSEROEDD A DDANGOSIR AR Y PLATIAU BOB AMSER.

Mae rhannau o'r ffordd sydd wedi'u neilltuo i gerbydau sy'n llwytho a dadlwytho yn cael eu dynodi gan farc 'cilfach' gwyn gyda'r geiriau 'Llwytho'n Unig/Loading Only' ac arwydd 'troli' gwyn ar las. Mae'r arwydd hwn hefyd yn dangos a yw llwytho a dadlwytho wedi'i gyfyngu i gerbydau nwyddau yn unig, ac ar ba adegau y ceir defnyddio'r gilfach. Os nad oes amseroedd na diwrnodau wedi'u nodi, ceir ei defnyddio ar unrhyw adeg. Ni chaniateir i gerbydau barcio yma os nad ydynt yn llwytho neu'n dadlwytho.

Dim llwytho na dadlwytho ar unrhyw adeg

Dim llwytho na dadlwytho yn ystod yr amseroedd a nodir

Cilfach lwytho

Marciau eraill ar y ffordd

Cadwch y fynedfa'n glir o gerbydau sy'n sefyll yn eu hunfan, hyd yn oed wrth godi neu ollwng plant

Rhybudd o arwydd 'Ildiwch' /'Give Way' o'ch blaen

Man parcio a neilltuwyd i'r cerbydau a enwir

Gweler Rheol 243

Gweler Rheol 141

Cyffordd sgwâr Gweler Rheol 174

Peidiwch â rhwystro'r rhan honno o'r lôn gerbydau

Dynodi'r lonydd traffig

Marciau ar gerbydau

Marciau ar gefn cerbydau nwyddau trwm

Cerbydau modur dros 7500 cilogram pwysau gros uchaf ac ôl-gerbydau dros 3500 cilogram pwysau gros uchaf

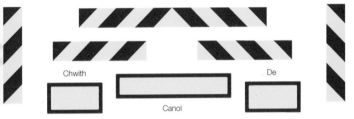

Chwith   De

Canol

Mae'n ofynnol gosod y marciau fertigol hefyd ar sgipiau adeiladwyr ar y ffordd, cerbydau neu gyfuniadau masnachol hirach nag 13 metr (mae'n ddewisol ar gyfuniadau rhwng 11 ac 13 metr)

Platiau rhybuddio am beryglon

Rhaid i rai cerbydau tancer sy'n cludo nwyddau peryglus arddangos paneli gwybodaeth am berygl

Mae'r panel uchod ar gyfer hylif fflamadwy. Ymhlith y symbolau diemwnt sy'n dynodi perygl ceir:

Caiff y panel uchod ei arddangos gan gerbydau sy'n cludo rhai nwyddau peryglus mewn pecynnau

Sylwedd gwenwynig

Sylwedd ocsideiddio

Nwy anfflamadwy wedi'i gywasgu

Sylwedd ymbelydrol

Sylwedd a all danio ar unwaith

Sylwedd cyrydol

Marciwr ymestyn

Marciwr ochr   Marciwr cynffon

Mae angen y ddau pan fydd llwyth neu offer (e.e craen) yn ymestyn mwy na dau fetr dros y tu blaen neu'r tu ôl

Arall

Bws ysgol (yn cael ei ddangos ar ffenestr flaen a ffenestr ôl y bws)

Atodiadau

1. Chi a'ch beic

Gwnewch yn *siŵr* eich bod yn teimlo'n hyderus y byddwch yn gallu seiclo'n ddiogel ar y ffordd. Gwnewch yn *siŵr*

- eich bod yn dewis beic o'r maint a'r math cywir i fod yn gyfforddus ac yn ddiogel

- bod y goleuadau a'r adlewyrchyddion yn cael eu cadw'n lân ac yn gweithio'n iawn

- bod y teiars mewn cyflwr da ac wedi'u pwmpio i'r pwysau a ddangosir ar y teiar

- bod y gêrs yn gweithio'n iawn

- bod y gadwyn wedi'i haddasu a'i hiro'n gywir

- bod y cyfrwy a'r cyrn wedi'u haddasu i'r uchder iawn.

Argymhellir eich bod yn gosod cloch ar eich beic.

RHAID i chi

- wneud yn *siŵr* fod eich brêcs yn effeithiol

- yn y nos, defnyddio goleuadau blaen ac ôl, a chael adlewyrchydd coch ar y cefn.

Cyfreithiau PCUR rheoliadau 6 a 10 & RVLR rheoliad 18

Gall **hyfforddiant seiclo** helpu plant ac oedolion fel ei gilydd, yn enwedig yr oedolion hynny sy'n ailafael mewn seiclo, er mwyn meithrin y sgiliau angenrheidiol i seiclo'n ddiogel ar ffyrdd y dyddiau hyn. Mae safon genedlaethol newydd wedi'i ddatblygu ar gyfer hyfforddiant seiclo ac mae'r Llywodraeth yn hybu'r safon hwn ac yn rhyddhau cyllid er mwyn ei gyflwyno mewn ysgolion.

Dylai pob seiclwr ystyried y manteisio o ddilyn yr hyfforddiant seiclo. Am fwy o wybodaeth, cysylltwch â'ch awdurdod lleol.

2. Gofynion trwyddedu beiciau modur

Os mai trwydded beic modur dros dro sydd gennych, **RHAID** i chi gwblhau cwrs Hyfforddiant Sylfaenol Gorfodol (HSG) yn llwyddiannus.

Yna, gallwch fynd ar y ffordd gyhoeddus ar eich pen eich hun, gyda phlatiau D neu L, neu'r ddau (y tu allan i Gymru rhaid defnyddio platiau L), am hyd at ddwy flynedd gydag allbwn pŵer nad yw'n fwy na 11 kW.

I yrru moped, **RHAID** i ddysgwyr

- fod yn 16 oed neu'n hŷn
- bod â thrwydded moped dros dro
- gwblhau hyfforddiant HSG.

Yna, gallwch fynd ar y ffordd gyhoeddus ar eich pen eich hun, gyda phlatiau D neu L, neu'r ddau (y tu allan i Gymru rhaid defnyddio platiau L), ar gerbyd dwy olwyn gydag uchafswm cyflymder dylunio o 45 km/a (28 mya).

RHAID yn gyntaf i chi basio'r prawf theori ar gyfer beiciau modur ac yna'r prawf moped ymarferol i gael eich trwydded moped lawn.

Sylwer. Os oeddech wedi pasio eich prawf gyrru cyn 1 Chwefror 2001, rydych yn gymwys i yrru moped heb blatiau D neu L (platiau L y tu allan i Gymru), er mai'r argymhelliad yw eich bod yn cwblhau HSG cyn gyrru ar y ffordd. Os gwnaethoch basio eich prawf gyrru ar ôl y dyddiad hwn **RHAID** i chi gwblhau HSG cyn gyrru moped ar y ffordd.

Categorïau trwyddedau ar gyfer mopeds a beiciau modur

Categori AM (moped) – isafswm oed 16

- cerbyd dwy olwyn gydag uchafswm cyflymder dylunio o 45 km/a (28 mya)
- cerbyd tair neu bedair olwyn gydag uchafswm cyflymder dylunio o 25 km/a (15.5 mya), hyd at 50 cc a gydag allbwn pŵer nad yw'n fwy na 4 kW.

Categori A1 – isafswm oed 17

- beiciau modur hyd at 125 cc, gydag allbwn pŵer nad yw'n fwy nag 11 kW
- treisiclau gydag allbwn pŵer nad yw'n fwy na 15 kW.

Categori A2 – isafswm oed 19

- beiciau modur gydag allbwn pŵer nad yw'n fwy na 35 kW.

Categori A

- beiciau modur anghyfyngedig gydag allbwn pŵer dros 35 kW (isafswm oed 25 dan fynediad uniongyrchol, neu 21 dan fynediad graddol)
- treisiclau gydag allbwn pŵer dros 15 kW (isafswm oed 21).

Mae mynediad graddol yn broses sy'n caniatáu i yrrwr gymryd prawf ymarferol categori uwch os oes ganddo eisoes o leiaf ddwy flynedd o brofiad ar feic modur categori is. Er enghraifft, os ydych wedi meddu ar drwydded categori A2 am isafswm o ddwy o flynedd, gallwch gymryd y prawf ymarferol categori A yn 21 oed. Nid oes gofyniad i gymryd prawf theori arall.

Os ydych chi eisiau dysgu gyrru beiciau modur mwy na 125 cc a gydag allbwn pŵer dros 11 kW, **RHAID** i chi fodloni'r gofynion isafswm oed, cwblhau cwrs HSG yn foddhaol a chael hyfforddwyr cymwysedig ar feic modur arall gyda chyswllt radio gyda chi.

I gael eich trwydded moped neu feic modur llawn, **RHAID** i chi basio prawf theori beic modur a phrofion ymarferol modiwlau 1 a 2 ar feic modur dwy olwyn.

RHAID I CHI BEIDIO cario teithiwr piliwn neu dynnu trelar nes eich bod wedi pasio'ch prawf. Gweler hefyd Rheol 253 yn cwmpasu cerbydau sydd wedi eu gwahardd o draffyrdd.

Cyfraith MV(DL)R rheoliad 16

3. Dogfennau cerbydau modur a'r gofynion o ran gyrwyr sy'n dysgu

Dogfennau
Trwydded yrru. RHAID bod gennych drwydded yrru ddilys ar gyfer y categori o gerbyd modur yr ydych yn ei yrru. **RHAID** i chi roi gwybod i'r Asiantaeth Trwyddedu Gyrwyr a Cherbydau (DVLA) os newidiwch eich enw neu'ch cyfeiriad.

Cyfraith RTA 1988 adrannau 87 a 99(4)

Gall deiliaid trwyddedau o wledydd o'r tu allan i'r Gymuned Ewropeaidd, sydd bellach yn byw yn y DU, ddim ond cael gyrru ar y drwydded honno am uchafswm o 12 mis o'r dyddiad y maent yn dod yn breswylwyr yn y wlad hon.

Er mwyn sicrhau bod ganddynt hawl barhaus i yrru

- rhaid cael trwydded Brydeinig dros dro a phasio prawf/profion gyrru cyn i'r cyfnod o 12 mis ddod i ben, neu

- yn achos gyrrwr sy'n dal trwydded o wlad gymwys yn ôl y gyfraith at ddibenion cyfnewid trwydded, dylai'r gyrrwr gyfnewid y drwydded am un Brydeinig.

MOT. RHAID i geir a beiciau modur lwyddo mewn prawf MOT fel arfer, dair blynedd wedi'r dyddiad cofrestru cyntaf a phob blwyddyn wedi hynny. **RHAID I CHI BEIDIO** â gyrru cerbyd modur heb dystysgrif MOT os oes angen un. Fel eithriad, cewch yrru i apwyntiad prawf sydd wedi ei drefnu neu i garej ar gyfer trwsio pethau sydd eu hangen ar gyfer y prawf. Gall yrru cerbyd modur na ddylai fod ar y ffordd annilysu'ch yswiriant. O fis Tachwedd 2012, mae cerbydau modur a adeiladwyd cyn 1960 wedi eu heithrio rhag gorfod cael MOT, er gallant gael eu profi'n wirfoddol. Rhaid i berchnogion sicrhau'n gyfreithiol bod eu cerbyd yn ddiogel i fod ar y ffordd.

Cyfraith RTA 1988 adrannau 45, 47, 49 a 53

Yswiriant. RHAID bod gennych bolisi yswiriant dilys er mwyn defnyddio cerbyd modur ar y ffordd. **RHAID** iddo eich gwarchod chi os ydych yn peri anaf neu ddifrod i drydydd parti wrth ddefnyddio'r cerbyd modur hwnnw. Cyn gyrru unrhyw gerbyd modur, gwnewch yn *siŵr* ei fod wedi ei yswirio i'r pwrpas hwn ar eich cyfer, neu fod eich yswiriant chi eich hun yn eich yswirio'n ddigonol. **RHAID I CHI BEIDIO** â gyrru cerbyd modur heb yswiriant. Hefyd dylech fod yn ymwybodol mewn digwyddiadau gyda thraffig ar y ffordd, hyd yn oed os nad chi sydd ar fai, y gall cwmnïau yswiriant eich dal yn atebol beth bynnag.

Cyfraith RTA 1988 adran 143

Bellach, gall gyrwyr heb yswiriant gael eu dal yn awtomatig gan gamerâu ar ochr y ffordd. Yn ogystal â'r cosbau a restrir ar dudalen 126 o ran gyrru heb yswiriant, bellach gall yr heddlu ddal gafael ar y cerbyd, ei gymryd oddi ar y troseddwr a'i ddinistrio.

Cyfraith RTA 1988, adrannau 165a a 165b

Nodir isod y mathau yswiriant sydd ar gael:

Yswiriant Trydydd Parti - fel arfer hwn yw'r math rhataf o yswiriant, a dyma'r lefel isaf o warcheidwaeth sy'n ofynnol dan y gyfraith. Mae'n gwarchod unrhyw un y gallech chi eu hanafu neu unrhyw eiddo y gallech chi ei ddifrodi. Nid yw'n cynnwys unrhyw ddifrod i'ch cerbyd modur nac anaf i chi'ch hun.

Yswiriant Trydydd Parti, Tân a Lladrad - yn debyg iawn i yswiriant trydydd parti, ond mae hwn hefyd yn eich gwarchod os yw'ch cerbyd yn cael ei ddwyn neu'n cael ei ddifrodi gan dân.

Yswiriant Cynhwysfawr - dyma'r math drutaf o yswiriant ond hwn yw'r un gorau. Yn ogystal â gwarchod eiddo a phobl eraill yn erbyn anaf neu ddifrod, mae hwn hefyd yn cynnwys unrhyw ddifrod i'ch cerbyd modur chi'ch hun, hyd at werth y cerbyd hwnnw ar y farchnad, ac unrhyw anaf personol i chi.

Tystysgrif gofrestru. Cyhoeddir dogfennau cofrestru (fe'u gelwir hefyd yn ddogfennau cofrestru cysoni) ar gyfer pob cerbyd a ddefnyddir ar y ffordd. Maent yn eu disgrifio (gwneuthuriad, model, ac ati) ac yn rhoi manylion am y ceidwad cofrestredig. **RHAID** i chi roi gwybod i'r Asiantaeth Trwyddedu Gyrwyr a Cherbydau (DVLA) yn Abertawe cyn gynted â phosib pan fyddwch yn prynu neu'n gwerthu cerbyd modur, neu os newidiwch eich enw neu'ch cyfeiriad. O ran tysystgrifau cofrestru a gyhoeddir ar ôl 27 Mawrth 1997, mae'r prynwr a'r gwerthwr yn gyfrifol am gwblhau'r tystysgrifau cofrestru. Y gwerthwr sy'n gyfrifol am eu gyrru ymlaen at y DVLA. Caiff y drefn ei hegluro ar gefn y tystysgrifau cofrestru.
Cyfraith RV(R&L)R rheoliadau 21, 22, 23 a 24

Treth Cerbyd. RHAID talu treth car ar bob cerbyd modur a ddefnyddir neu a gedwir ar ffyrdd cyhoeddus.
Cyfraith VERA adrannau 29 a 33

Hysbysiad Oddi-ar-y-ffordd Statudol (HOS) (SORN). Mae hyn yn hysbysiad i'r DVLA nad yw'r cerbyd modur yn cael ei ddefnyddio ar y ffordd. Os ydych chi'n geidwad cerbyd a'ch bod eisiau cadw cerbyd modur heb ei drethu ac oddi ar y ffordd, **RHAID** i chi wneud datganiad HOS – mae'n drosedd i beidio gwneud hynny. Bydd y cerbyd yn parhau ar HOS nes i chi ei werthu, ei drethu neu ei sgrapio. Os nad yw'ch cerbyd yn cael ei ddefnyddio neu os yw oddi ar y ffordd **RHAID** i chi gael naill ai ddatganiad HOS neu yswiriant dilys.
Cyfraith RV(RL)R 2002, rheoliad 26 atodlen 4

Cyflwyno dogfennau. RHAID i chi allu cyflwyno'ch trwydded yrru, tystysgrif yswiriant ddilys ac (os yw'n briodol) tystysgrif MOT ddilys pan ofynnir amdanynt gan swyddog heddlu. Os na allwch wneud hyn, mae'n bosibl y gofynnir i chi fynd â nhw i swyddfa heddlu o fewn saith diwrnod.
Cyfraith RTA 1988 adrannau 164 a 165

Gyrwyr sy'n dysgu

RHAID i yrwyr sy'n dysgu gyrru car ddal trwydded dros dro ddilys.
RHAID iddynt gael eu goruchwylio gan rywun sy'n o leiaf 21 oed ac
sydd â thrwydded UE/EEA lawn ar gyfer y math hwnnw o gerbyd
(awtomatig neu gêrs llaw), wedi'i dal am o leiaf dair blynedd.

Cyfreithiau MV(DL)R rheoliad 16 a RTA 1988 adran 87

Cerbydau. RHAID i unrhyw gerbyd a yrrir gan ddysgwyr ddangos
platiau L coch. Yng Nghymru, gellir defnyddio un ai blatiau D
coch, platiau L coch neu'r ddau. **RHAID** i'r platiau gydymffurfio â'r
fanyleb gyfreithiol a **RHAID** iddynt fod i'w gweld yn glir gan bobl
eraill o'r tu blaen i'r cerbyd a'r tu ôl iddo. Dylid tynnu'r platiau neu'u
cuddio pan na fydd y cerbyd yn cael ei yrru gan ddysgwr (ac eithrio
ar gerbydau ysgolion gyrru).

Cyfraith MV(DL)R rheoliad 16 a atodlen 4

RHAID i chi basio prawf theori (os gofynnir am un) ac yna prawf
gyrru ymarferol ar gyfer y categori o gerbyd yr ydych am ei yrru cyn
gyrru heb gwmni.

Cyfraith MV(DL)R rheoliad 40

4. Defnyddiwr y ffordd a'r gyfraith

Cyfraith traffig y ffordd fawr

Mae'r rhestr isod i'w gweld ar ffurf byrfoddau ledled y Rheolau. Nid
yw wedi'i bwriadu i fod yn arweiniad cynhwysfawr ond, yn hytrach,
fel canllaw i rai o bwyntiau pwysig y gyfraith. I gael union eiriad
y gyfraith, dylid cyfeirio at y gwahanol Ddeddfau a'r Rheoliadau
(fel y'u diwygiwyd) a nodir yn y Rheolau. Rhestrir y byrfoddau ar y
dudalen ganlynol.

Mae'r rhan fwyaf o'r darpariaethau yn berthnasol i bob ffordd ar hyd
a lled Prydain Fawr, er bod rhai eithriadau. Y diffiniad o ffordd yng
Nghymru a Lloegr yw 'unrhyw ffordd fawr ac unrhyw ffordd arall
y mae gan y cyhoedd fynediad iddi gan gynnwys pontydd y bydd
ffordd yn mynd drostynt' (RTA 1988 adran 192(1)). Yn yr Alban ceir
diffiniad tebyg sydd wedi ei ehangu i gynnwys unrhyw ffordd lle
mae gan y cyhoedd hawl tramwy (R(S)A 1984 adran 151(1)).

Mae'n bwysig nodi fod cyfeiriadau at 'ffordd', felly, yn gyffredinol yn
cynnwys llwybrau troed, llwybrau ceffyl a llwybrau beiciau a llawer
iawn o ffyrdd a rhodfeydd ar dir preifat (yn cynnwys llawer iawn
o feysydd parcio). Yn y rhan fwyaf o achosion, bydd y gyfraith yn
berthnasol iddynt a gallai fod rheolau ychwanegol ar gyfer llwybrau
neu ffyrdd arbennig. Mae rhai troseddau gyrru difrifol, yn cynnwys
yfed a gyrru, yn berthnasol i bob man cyhoeddus, er enghraifft
meysydd parcio cyhoeddus.

Ddeddf Cleifion Cronig a Phobl Anabl 1970	CSDPA
Deddf Diogelu'r Amgylchedd 1990	EPA
Gorchymyn Swyddogaethau Wardeiniaid Traffig 1970	FTWO
Deddf Llundain Fwyaf (Pwerau Cyffredinol) 1974	GL(GP)A
Deddf Priffyrdd 1835 neu 1980 (fel a nodir)	HA
Deddf Ceffylau (Helmed Ddiogelwch ar gyfer Marchogion Ifanc) 1990	H(PHYR)A
Rheoliadau Ceffylau (Helmed Ddiogelwch ar gyfer Marchogion Ifanc) 1992	H(PHYR)R
Rheoliadau Beiciau Modur (Amddiffynwyr Llygaid) 1999	MC(EP)R
Rheoliadau Beiciau Modur (Helmedau Amddiffyn) 1980	MC(PH)R
Rheoliadau Traffig ar Draffyrdd (Cymru a Lloegr) 1982	MT(E&W)R
Rheoliadau Diwygiedig Traffig ar Draffyrdd (Cymru a Lloegr) 1995	MT(E&W)(A)R
Rheoliadau Traffig ar Draffyrdd (Yr Alban) 1995	MT(S)R
Rheoliadau Cerbydau Modur (Trwyddedau Gyrru) 1999	MV(DL)R
Rheoliadau Cerbydau'r Ffordd (Amrywiad Terfynau Cyflymder) (Cymru a Lloegr) 2014	MV(VSL)(E&W)
Rheoliadau Cerbydau Modur (Gwisgo Gwregysau Diogelwch) 1993	MV(WSB)R
Rheoliadau Cerbydau Modur (Gwisgo Gwregysau Diogelwch) (Diwygio) 2006	MV(WSB)(A)R
Rheoliadau Cerbydau Modur (Plant yn y seddi Blaen yn Gwisgo Gwregysau Diogelwch) 1993	MV(WSBCFS)R
Deddf Ffyrdd Newydd a Gwaith Stryd 1991	NRSWA
Rheoliadau Beiciau (Gwneuthuriad a Defnydd) 1983	PCUR
Deddf Pwerau'r Llysoedd Troseddol (Dedfrydu) 2000	PCC(S)A
Deddf Diwygio'r Heddlu 2002	PRA
Rheoliadau Gwahardd Smygu mewn Mangreoedd Penodol (Yr Alban) 2006 (Os rhif 90)	PSCP(S)R*
Deddf Cerbydau Teithwyr Cyhoeddus 1981	PPVA
Deddf Diogelwch ar y Ffyrdd 2006	RSA
Deddf Traffig y Ffyrdd 1984, 1988 neu 1991 (fel a nodir)	RTA
Rheoliadau Deddf Traffig Ffordd 1988 (Terfyn a Ragnodwyd) (Yr Alban) 2014	PLSR
Deddf Traffig y Ffyrdd (Gyrwyr Newydd) 1995	RT(ND)A
Deddf Troseddwyr Traffig y Ffyrdd 1988	RTOA
Deddf Rheoliad Traffig y Ffyrdd 1984	RTRA
Rheoliadau Cerbydau'r Ffordd (Gwneuthuriad a Defnydd) 1986	CUR
Rheoliadau Cerbydau'r Ffordd (Arddangos Rhifau Cofrestru) 2001	RV(DRM)R
Rheoliadau Goleuadau Cerbydau'r Ffordd 1989	RVLR
Rheoliadau Cerbydau'r Ffordd (Cofrestru a Thrwyddedu) 2002	RV(R&L)R
Deddf Ffyrdd (Yr Alban) 1984	R(S)A
Deddf Rheoli Traffig 2004	TMA
Rheoliadau a Chyfarwyddiadau Cyffredinol Arwyddion Traffig 2002	TSRGD
Rheoliadau Defnyddio Cerbydau i Bobl Anabl ar Briffyrdd 1988	UICHR
Deddf Trethu a Chofrestru Cerbydau 1994	VERA
Rheoliadau a Chyfarwyddiadau Cyffredinol Croesfannau Sebra, Pelican ac Aderyn Pâl i Gerddwyr 1997	ZPPPCRGD

Mae deddfau a rheoliadau ar gael wedi eu cyhoeddi neu eu diwygio yn www.legislation. gov.uk ac ar gael yn eu fformat argraffedig gwreiddiol o'r Llyfrfa fel a fanylir y tu mewn i'r clawr cefn.

* Ceir ddedfwriaeth benodol sy'n ymwneud ag ysmygu mewn cerbydau sy'n gyfystyr â mannau gwaith.

Am fwy o wybodaeth, ewch i:

www.smokefreeengland.co.uk

www.clearingtheairscotland.com

www.smokingbanwales.co.uk

5. Cosbau

Y senedd sydd yn gosod y cosbau uchaf ar gyfer troseddau traffig. Mae difrifoldeb y drosedd yn cael ei adlewyrchu yn y gosb uchaf. Y llysoedd sydd i benderfynu pa gosb i'w rhoi yn unol â'r amgylchiadau.

Mae'r tabl cosbau ar dudalen 126 yn dangos rhai o'r prif droseddau a'r cosbau cysylltiedig. Ceir amrediad eang o droseddau eraill, mwy penodol, nad ydynt, er mwyn symlrwydd, yn cael eu dangos yma. Disgrifir y pwyntiau cosb a'r system wahardd isod.

Pwyntiau cosb a gwahardd

Bwriad y system pwyntiau cosb yw atal gyrwyr a beicwyr modur rhag dilyn aferion moduro anniogel. Gallwch gael pwyntiau cosb am rai troseddau nad ydynt yn ymwneud â moduro e.e. methu â thrwsio nam ar y cerbyd. **RHAID** i'r llys orchymyn i bwyntiau gael eu harnodi ar y drwydded yn unol â'r nifer penodedig neu'r ystod a bennwyd gan y Senedd. Mae casglu pwyntiau'n rhybuddio gyrwyr a beicwyr modur bod perygl iddynt gael eu gwahardd os byddant yn cyflawni rhagor o droseddau.

Cyfraith RTOA adrannau 44 a 45

RHAID i yrrwr neu feiciwr modur sy'n casglu 12 neu ragor o bwyntiau cosb o fewn cyfnod o dair blynedd gael ei wahardd. Cyfnod byrraf y gwaharddiad fydd chwe mis, neu'n hirach os yw'r gyrrwr neu'r beiciwr modur wedi'i wahardd o'r blaen.

Cyfraith RTOA adran 35

Am bob trosedd sy'n cario pwyntiau cosb, mae gan y llys rym dewisol i orchymyn bod deiliad y drwydded yn cael ei wahardd. Gall hyn fod am unrhyw gyfnod sy'n briodol ym marn y llys ond, gan amlaf, bydd yn para rhwng wythnos ac ychydig fisoedd.

Yn achos troseddau difrifol, megis gyrru'n beryglus ac yfed a gyrru **RHAID** i'r llys orchymyn gwahardd. Y cyfnod byrraf yw 12 mis, ond i'r rheini sy'n aildroseddu neu lle mae lefel yr alcohol yn uchel, gall fod yn hirach. Er enghraifft, bydd ail drosedd yfed a gyrru o fewn cyfnod o 10 mlynedd yn arwain at isafswm o dair blynedd o waharddiad.

Cyfraith RTOA adran 34

Tabl cosbau

Trosedd	Carchar	Cosbau uchaf Dirwy	Gwahardd	Pwyntiau Cosb
*Achosi marwolaeth drwy yrru'n beryglus	14 mlynedd	Diderfyn	Gorfodol - 2 flynedd o leiaf	3-11 (os, fel eithriad, na cheir gwaharddiad)
*Gyrru'n beryglus	2 flynedd	Diderfyn	Gorfodol	3-11 (os, fel eithriad, na cheir gwaharddiad)
*Achosi marwolaeth drwy yrru'n ddiofal o dan ddylanwad y ddiod neu gyffuriau	14 mlynedd	Diderfyn	Gorfodol - 2 flynedd o leiaf	3-11 (os, fel eithriad, na cheir gwaharddiad)
Gyrru'n ddiofal neu heb ystyriaeth	-	Diderfyn	Dewisol	3-9
Gyrru a chithau'n anabl i wneud hynny oherwydd y ddiod neu gyffuriau neu oherwydd gormodedd o alcohol; neu fethu â rhoi sbesimen i'w ddadansoddi	6 mis	Diderfyn	Gorfodol	3-11 (os, fel eithriad, na cheir gwaharddiad)
Peidio â stopio ar ôl damwain neu beidio â rhoi gwybod am ddamwain	6 mis	Diderfyn	Dewisol	5-10
Gyrru ar ôl cael eich gwahardd	6 mis (12 mis yn yr Alban)	Diderfyn	Dewisol	6
Gyrru ar ôl i drwydded gael ei gwrthod neu ei thynnu'n ôl am resymau meddygol	6 mis	Diderfyn	Dewisol	3-6
Gyrru heb yswiriant	-	Diderfyn	Dewisol	6-8
Defnyddio cerbyd mewn cyflwr peryglus	-	LGV Diderfyn PCV Diderfyn Arall £2,500	Yn orfodol os cyflawnir o fewn 3 blynedd i euogfarn blaenorol ar gyfer trosedd debyg - isafswm o 6 mis. Fel arall yn ddewisol.	3 ym mhob achos
Gyrru mewn ffordd nad yw'n unol â'r drwydded	-	£1,000	Dewisol	3-6
Goryrru	-	£1,000 (£2,500 am droseddau ar y draffordd)	Dewisol	3-6 neu 3 (cosb benodedig)
Troseddau goleuadau traffig	-	£1,000	Dewisol	3
Dim tystysgrif MOT	-	£1,000	-	-
Troseddau gwregysau diogelwch	-	£500	-	-
Beicio'n beryglus	-	£2,500	-	-
Beicio'n ddiofal	-	£1,000	-	-
Beicio ar y palmant	-	£500	-	-
Peidio ag enwi gyrrwr cerbyd	-	£1,000	Dewisol	3

* Pan fydd llys yn gwahardd person ar ôl ei euogfarnu am un o'r troseddau hyn, rhaid iddo orchymyn ail brawf estynedig. Hefyd, mae gan y llysoedd ddisgresiwn i orchymyn ail brawf am unrhyw drosedd arall sy'n dwyn pwyntiau cosb; yn achos gwaharddiad gorfodol rhaid sefyll ail brawf estynedig, a phrawf arferol pan nad yw'r gwaharddiad yn orfodol.

Ar ben hynny, mewn rhai achosion difrifol, **RHAID** i'r llys (yn ogystal â phennu cyfnod gwahardd penodedig) orchymyn bod y troseddwr yn cael ei wahardd nes bydd yn pasio prawf gyrru. Mewn achosion eraill, mae gan y llys rym dewisol i orchymyn gwaharddiad o'r fath. Gall y prawf fod yn brawf o hyd arferol neu'n brawf estynedig, yn dibynnu ar natur y drosedd.

Cyfraith RTOA adran 36

Gyrwyr newydd. Mae rheolau arbennig, fel a nodir isod, mewn grym am gyfnod o ddwy flynedd o ddyddiad pasio'r prawf gyrru cyntaf ar gyfer

- gyrwyr a beicwyr modur o'r DU, UE/AEE, Ynys Manaw, Ynysoedd y Sianel neu Gibraltar a basiodd eu prawf gyrru cyntaf yn unrhyw un o'r gwyledydd hynny

- gyrwyr a beicwyr modur o wledydd tramor eraill sy'n gorfod pasio prawf gyrru y DU i gael trwydded y DU, ac yn yr achos hwnnw y prawf gyrru DU a ystyrir fel eu prawf gyrru cyntaf; a gyrwyr a beicwyr modur o

- wledydd tramor eraill sydd wedi cyfnewid (heb orfod sefyll prawf) eu trwydded wreiddiol am drwydded y DU ac wedyn wedi pasio prawf gyrru yn y DU i yrru math arall o gerbyd, ac yn yr achos hwnnw y prawf gyrru DU a ystyrir fel eu prawf gyrru cyntaf. Er enghraifft, bydd y rheolau arbennig yn berthnasol i yrrwr a gyfnewidiodd trwydded (car) o wlad dramor am drwydded (car) y DU ac sydd wedyn yn pasio prawf gyrru i yrru math arall o gerbyd (e.e. cerbyd nwyddau mawr - HGV).

Os yw person sy'n destun y rheolau arbennig yn casglu chwech neu fwy o bwyntiau cosb cyn diwedd y cyfnod dwy flynedd (gan gynnwys unrhyw bwyntiau a gafwyd cyn pasio'r prawf), caiff y drwydded ei diddymu'n awtomatig. I adennill y drwydded, rhaid iddynt ailymgeisio am drwydded dros dro a dim ond hawliau dysgwr sydd ganddynt i yrru hyd nes eu bod yn pasio prawf gyrru pellach (gweler hefyd Atodiad 8 - Cod diogelwch ar gyfer gyrwyr newydd.)

Cyfraith RT(ND)A

Nodyn. Mae hyn yn berthnasol hyd yn oed os ydynt yn talu am eu troseddau drwy gosb benodedig. Nid yw'r rheolau arbennig yn effeithio ar yrwyr yn y grŵp cyntaf (y DU, UE/AEE ayb.) sydd â thrwydded lawn ar gyfer un math o gerbyd yn barod ac wedyn yn pasio prawf i yrru math arall o gerbyd.

Canlyniadau eraill troseddu

Lle ceir trosedd y mae modd ei chosbi drwy garcharu, gall y cerbyd a gafodd ei ddefnyddio i gyflawni'r drosedd gael ei atafaelu.

CyfraithPCC(S)A, adran 143

Yn ychwanegol at y cosbau y gall llys benderfynu eu dyfarnu, mae cost yswiriant yn debygol o godi'n sylweddol yn dilyn euogfarn am drosedd yrru ddifrifol. Y rheswm am hyn yw bod cwmnïau yswiriant yn credu bod gyrwyr o'r fath yn fwy tebygol o fod mewn gwrthdrawiad.

Bydd gyrwyr sy'n cael eu gwahardd yn sgil yfed a gyrru ddwywaith o fewn 10 mlynedd, neu unwaith os ydynt dros ddwywaith a hanner dros y cyfyngiad cyfreithiol, neu'r rheini sy'n gwrthod rhoi sbesimen, hefyd yn gorfod bodloni Cangen Feddygol yr Asiantaeth Trwyddedu Gyrwyr a Cherbydau nad oes ganddynt broblem alcohol a'u bod, fel arall, yn abl i yrru cyn y caiff eu trwydded ei dychwelyd ar ddiwedd y cyfnod gwahardd. Gall camddefnyddio mynych ar gyffuriau neu alcohol arwain at a dynnu trwydded gyrrwr oddi arno.

6. Cynnal a chadw cerbyd, diogelwch a diogelu

Cynnal a chadw cerbyd

Cymerwch ofal arbennig fod y goleuadau, y brêcs, y llywio, system yr egsôst, gwregysau diogelwch, di-niwlwyr, sychwyr a golchwyr ffenestri i gyd yn gweithio. Hefyd

- **RHAID** i oleuadau, cyfeirwyr, adlewyrchyddion a phlatiau rhif gael eu cadw'n lân ac yn glir

- **RHAID** i'r ffenestr flaen a phob ffenestr arall gael ei chadw'n lân ac yn rhydd o unrhyw beth a allai eich rhwystro rhag gweld

- **RHAID** addasu'r goleuadau'n gywir fel nad ydynt yn dallu defnyddwyr eraill y ffordd. Rhaid rhoi sylw arbennig i hyn pan fydd y cerbyd wedi'i lwytho'n drwm

- **RHAID** i allyriannau'r egsôst **BEIDIO** â bod yn uwch na'r lefelau penodedig

- gwnewch yn *siŵr* fod eich sedd, eich gwregys diogelwch, yr atalydd pen a'r drychau wedi'u haddasu'n gywir cyn i chi yrru

- gwnewch yn siŵr fod bagiau ac ati yn cael eu cadw'n ddiogel.

Cyfreithiau RVLR 1989 rheoliadau 23 a 27 a CUR 1986, rheoliadau 30 a 61

Dangosyddion rhybuddio. Gwnewch yn *siŵr* eich bod yn deall ystyr yr holl ddangosyddion rhybuddio ar ddangosfwrdd y cerbyd. Peidiwch ag anwybyddu arwyddion rhybuddio. Gallent ddangos bod nam peryglus yn datblygu.

- Wrth droi'r allwedd danio, bydd goleuadau rhybuddio yn ymddangos ond byddant yn diffodd pan fydd yr injan yn tanio (ac eithrio golau rhybuddio y brêc llaw). Os na fyddant yn diffodd neu os dônt ymlaen tra'r ydych yn gyrru, stopiwch ac edrychwch i weld beth yw'r broblem oherwydd gallai fod gennych nam difrifol.

- Os daw'r golau gwefru ymlaen tra'r ydych yn gyrru, gallai olygu nad yw'r batri yn cael ei wefru. Rhaid ymchwilio i hyn hefyd cyn gynted â phosibl i osgoi colli pŵer i'r goleuadau a systemau trydanol eraill.

Ffenestri wedi'u tintio. RHAID I CHI BEIDIO â defnyddio cerbyd gyda sgrin wynt neu wydr mewn unrhyw ffenestr flaen, y naill ochr i'r gyrrwr a'r llall, sydd wedi'u tintio'n dywyll iawn. Os gosodwyd tint ar ffenestri pan gynhyrchwyd y cerbyd yna mae'n cydymffurfio a'r safonau Trawsyrru Golau Gweledol (Visual Light Transmittance). Nid oes cyfyngiadau VLT ar gyfer y sgrin wynt ôl na ffenestri teithwyr yn y seddi ôl.

Cyfreithiau RTA 1988 adran 42 a CUR rheoliad 32

Teiars. RHAID i olwynion gael eu pwmpio i'r lefel gywir yn ôl manyleb gwneuthurwr y cerbyd ar gyfer y llwyth sy'n cael ei gario. Cyfeiriwch at lawlyfr y cerbyd neu'r data amdano. Dylent hefyd fod yn rhydd o rai toriadau a namau eraill.

RHAID i *geir, faniau ysgafn ac ôl-gerbydau ysgafn* fod â thrwch gwadn o 1.6 mm o leiaf ar draws tri chwarter canol lled y gwadn ac o gwmpas y teiar i gyd.

RHAID i *feiciau modur, cerbydau mawr a cherbydau sy'n cario teithwyr* fod â thrwch gwadn o 1 mm o leiaf ar draws tri chwarter lled y gwadn ac mewn bandyn di-dor o gwmpas y teiar i gyd.

Dylai fod gan *fopedau* wadn gweladwy.

Cofiwch y gall rhai namau ar y cerbyd arwain at bwyntiau cosb.

Cyfraith CUR rheoliad 27

Os bydd teiar yn byrstio tra'r ydych yn gyrru, ceisiwch gadw rheolaeth ar eich cerbyd. Gafaelwch yn y llyw yn dynn gan adael i'r cerbyd arafu a stopio ohono'i hun ar ochr y ffordd.

Os oes gennych deiar fflat, stopiwch cyn gynted ag y bydd yn ddiogel i wneud hynny. Dim ond os gallwch wneud hynny heb eich rhoi'ch hun nac eraill mewn perygl y dylech newid teiar - fel arall galwch am wasanaeth torri lawr.

Gwasgedd teiars. Gwiriwch yn wythnosol. Gwnewch hyn cyn eich siwrnai, pan fydd y teiar yn oer. Gall teiars cynnes neu boeth roi darlleniad camarweiniol.

Bydd teiars sydd heb eu pwmpio'n ddigonol neu sydd wedi'u pwmpio'n ormodol yn effeithio'n andwyol ar eich brêcs a'r llywio. Gall traul eithriadol neu anwastad gael ei achosi gan namau yn y systemau brecio neu hongiad neu gan olwynion sydd allan ohoni. Gwnewch yn *siŵr* fod y diffygion hyn yn cael eu cywiro cyn gynted â phosibl.

Lefelau hylif. Gwiriwch y lefelau hylif yn eich cerbyd o leiaf unwaith yr wythnos. Gall lefel hylif brecio isel wneud i'r brêcs fethu a gallech gael gwrthdrawiad. Gwnewch yn *siŵr* eich bod yn gwybod pa oleuadau sy'n rhybuddio am lefelau hylif isel os oes rhai ar eich cerbyd.

Cyn y gaeaf. Gwnewch yn *siŵr* fod y batri'n cael ei gynnal a'i gadw'n dda a bod deunydd gwrthrewi addas yn eich rheiddiadur a photel y ffenestr flaen.

Problemau eraill. Os yw eich cerbyd

- yn tynnu tua'r ochr wrth frecio, y peth mwyaf tebygol yw bod nam ar y brêc neu nad yw'r teiars wedi'u pwmpio'n iawn. Dylech ymgynghori â modurdy neu fecanig ar unwaith

- yn dal i fownsio ar ôl gwasgu i lawr ar y pen blaen neu'r cefn, mae'r sioc laddwyr wedi treulio. Gall sioc laddwyr sydd wedi treulio effeithio'n ddifrifol ar gerbyd a dylai rhai newydd gael eu gosod

- ag unrhyw aroglau anarferol arno megis rwber yn llosgi, petrol, neu losgi trydanol dylech geisio gweld beth sy'n achosi'r aroglau ar unwaith. Gwyliwch rhag cael tân.

Injan yn gorboethi neu ar dân. Dŵr sy'n oeri'r rhan fwyaf o injans. Os bydd eich injan yn gorboethi, dylech aros nes bydd wedi oeri'n naturiol. Dim ond wedyn y dylech dynnu caead y llestr dal oerydd ac ychwanegu dŵr neu oerydd arall.

Os aiff eich cerbyd ar dân, dylech gael pawb allan o'r cerbyd yn gyflym ac i le diogel. Peidiwch â cheisio diffodd tân yn yr injan, oherwydd gallai agor y bonet wneud i'r tân chwyddo'n fflamau. Galwch y frigâd dân.

Gorsafoedd petrol/tanc tanwydd/gollyngiadau tanwydd. Gwnewch yn *siŵr* nad oes unrhyw danwydd yn gollwng ar gwrt blaen y garej wrth lenwi tanc eich cerbyd neu unrhyw ganiau tanwydd rydych yn eu cario. Dylech ddweud wrth weithiwr yn yr orsaf betrol yn syth os oes unrhyw danwydd wedi gollwng. Mae disel sydd wedi gollwng yn beryglus i ddefnyddwyr ffordd eraill, yn enwedig beicwyr modur, oherwydd mae'n lleihau'n sylweddol faint o grip sydd rhwng y teiars ac arwyneb y ffordd. Gwnewch yn hollol *siŵr* nad oes dim tanwydd wedi gollwng a sicrhewch hefyd

- nad ydych yn gorlenwi eich tanc tanwydd

- bod caead eich tanc tanwydd wedi'i gau'n ddiogel

- nad yw'r sêl yn y cap wedi rhwygo, wedi treulio neu ar goll

- nad oes difrod gweledol i'r cap na'r tanc tanwydd

Os ydych yn gosod cap tanwydd dros dro, dylai ffurfio sêl dda.

Peidiwch byth ag ysmygu na defnyddio ffôn symudol ar gwrt gorsafoedd petrol gan fod hynny'n creu perygl mawr o dân a gallai achosi ffrwydrad.

Diogelu cerbydau
Pan fyddwch yn gadael eich cerbyd dylech

- dynnu'r allwedd o'r injan a chloi'r llyw
- cloi'r car, hyd yn oed os mai am ychydig funudau yn unig yr ydych yn ei adael
- cau'r ffenestri'n dynn
- peidio byth â gadael plant nac anifeiliaid mewn car diawyr
- mynd ag unrhywbeth sydd yn y cerbyd gyda chi, neu eu cloi yn y gist. Cofiwch, hyd y gŵyr lleidr, gallai rhywbeth gwerthfawr fod mewn bag plastig
- peidiwch byth â gadael dogfennau'r cerbyd yn y car.

I ddiogelu eich cerbyd ymhellach dylech osod dyfais atal lladrad, megis lawrm neu lonyddwr. Os ydych yn prynu car newydd, mae'n syniad da mynnu gwybod faint o nodweddion diogelu sydd wedi'u hymgorffori ynddo. Ystyriwch gael y rhif cofrestru wedi'i engrafu ar holl ffenestri'r car. Mae hon yn ffordd rad ac effeithiol o atal lladron proffesiynol.

7. Cymorth cyntaf ar y ffordd

Gall y wybodaeth ganlynol fod o gymorth cyffredinol, ond cael hyfforddiant yw'r peth gorau i'w wneud bob amser. Dylid ystyried unrhyw gymorth cyntaf a roir mewn digwyddiad fel gweithred dros dro yn unig hyd nes i'r gwasanaethau argyfwng gyrraedd. Os nad ydych wedi cael hyfforddiant cymorth cyntaf, dylai'r pwyntiau canlynol fod o gymorth.

1. Deliwch â pherygl
Gwrthdrawiadau pellach a thân yw'r prif beryglon yn dilyn damwain. Byddwch yn ofalus wrth fynd at unrhyw gerbyd. Diffoddwch bob injan, ac os yn bosib, rhybuddiwch unrhyw draffig arall. Peidiwch â gadael i unrhyw un ysmygu.

2. Cael cymorth
Ceisiwch gael cymorth gan bobl sydd yn sefyll o gwmpas. Gofynnwch i rywun ffonio'r gwasnaethau argyfwng ar 999 neu 112 cyn gynted â phosibl. Byddant angen cael gwybod union leoliad y digwyddiad a'r nifer o gerbydau a effeithiwyd. Ceisiwch roi gwybodaeth ynglŷn â chyflwr y rhai a anafwyd, ee os yw unrhyw un yn cael trafferth anadlu, yn gwaedu'n drwm neu yn ddiymateb pan fydd rhywun yn ceisio siarad â nhw.

3. Helpwch y rhai oedd yn y digwyddiad

PEIDIWCH â symud cleifion sydd yn parhau i fod y tu mewn i'w cerbydau oni bai bod mwy o berygl. **PEIDIWCH** â thynnu helmed gyrrwr beic modur oni bai bod hynny'n hanfodol. Cofiwch y gall y claf fod yn dioddef o sioc. **PEIDIWCH** â rhoi unrhyw beth iddynt i'w fwyta nac i'w yfed. **CEISIWCH** sicrhau eu bod mor gynnes a chyffordus â phosibl. Cysgodwch nhw rhag eira neu law, ond peidiwch â'u symud yn ddiangen. **RHOWCH** sicrwydd iddynt yn hyderus a pheidiwch â'u gadael heb gwmni neu adael iddynt grwydro tuag at lwybr y traffig.

4. Darparwch ofal brys

Cofiwch y llythrennau **DR A B C**:

D - Danger : Perygl. Gwiriwch nad ydych mewn unrhyw berygl.

R - Response : Ymateb. Ceisiwch gael ymateb drwy ofyn cwestiynau ac ysgwyd eu hysgwyddau yn ysgafn.

A - Airway : Llwybr Anadlu. Os nad yw'r unigolyn yn siarad a bod y llwybr anadlu wedi ei rwystro efallai, rhowch un law o dan ên y claf a chodi'r ên i fyny ac ymlaen. Os ydynt yn parhau i gael anhawster i anadlu yna gwyrwch y pen yn ôl yn ofalus.

B - Breathing : Anadlu. Dylai'r anadlu fod yn normal erbyn hyn. Unwaith y bydd y llwybr anadlu yn rhydd gwiriwch yr anadlu am ryw 10 eiliad.

C - Compressions : Cywasgu. Os nad oes unrhyw arwydd o fywyd a dim pwls, yna dylid rhoi cywysgiadau. Rhowch eich dwy law yng nghanol y frest a gwthiwch i lawr yn galed a chyflym – tua 5–6 centimedr a thua dwywaith yr eiliad. Mae'n bosib mai dim ond un law fydd ei hangen ar gyfer plentyn ac ni ddylech bwyso i lawr mor bell. Ar gyfer plant ifanc iawn a babis, defnyddiwch ddau fys yng nghanol y frest wrth gywasgu a pheidiwch â phwyso i lawr yn rhy bell.

Os yw'r claf yn anymwybodol ond yn anadlu, rhowch ef yn yr ystum adferol (recovery position) hyd nes bydd cymorth meddygol yn cyrraedd

Gwaedu. Yn gyntaf, gwiriwch am unrhyw beth a all fod yn y clwyf, megis gwydr. Gan gymryd gofal i beidio â phwyso ar unrhyw beth sydd yn y clwyf, sicrhewch ddigon o badio o'i amgylch. Os nad oes unrhyw beth wedi mynd i mewn i'r clwyf yn ddyfn, pwyswch i lawr ar y clwyf i atal llif y gwaed. Rhowch bad yn sownd i'r clwyf gyda bandais neu ddarn o ddefnydd unwaith y bydd hi'n ymarferol gwneud hynny. Defnyddiwch y peth glanaf sydd ar gael. Os yw coes neu fraich yn gwaedu bydd angen ei chodi yn uwch na lefel y galon er mwyn lleihau llif y gwaed. Gall rhwystro cylchrediad y gwaed am gyfnod hir o amser achosi niwed hirdymor.

Llosgiadau. Gwiriwch y claf ar gyfer sioc, ac os yw'n bosibl, ceisiwch oeri llosg am 10 munud o leiaf gyda digonedd o ddŵr oer glân neu unrhyw hylif arall diwenwyn. Peidiwch â cheisio tynnu unrhyw beth sy'n glynu at y llosg.

Byddwch yn barod. Cariwch flwch cymorth cyntaf gyda chi bob amser - mae'n bosibl na fyddwch fyth ei angen, ond fe all arbed bywyd. Dysgwch sgiliau cymorth cyntaf - gallwch gael eich hyfforddi gan sefydliad cymwys megis Ambiwlans a Brigâd St. John, Cymorth Cyntaf St Andrew, Cymdeithas Y Groes Goch Brydeinig, neu unrhyw gorff cymwys addas arall (gweler tudalen 135 am fanylion cyswllt).

8. Cod diogelwch ar gyfer gyrwyr newydd

Ar ôl i chi basio'r prawf gyrru byddwch yn gallu gyrru ar eich pen eich hun. Bydd hyn yn esgor ar lawer o gyfleoedd, ond rhaid i chi aros yn ddiogel. Er eich bod wedi profi bod gennych chi'r sgiliau angenrheidiol i yrru'n ddiogel, ychydig iawn o brofiad sydd gan y rhan fwyaf o yrwyr sydd newydd basio. Mae angen i chi barhau i loywi eich sgiliau, yn enwedig rhagweld symudiadau defnyddwyr eraill y ffordd er mwyn osgoi gwrthdrawiadau. Mae cymaint ag un gyrrwr newydd ym mhob pump yn cael rhyw fath o wrthdrawiad yn ystod eu blwyddyn gyntaf y tu ôl i'r llyw. Mae'r cod hwn yn rhoi cyngor i'ch helpu drwy'r deuddeg mis cyntaf ar ôl pasio'r prawf (pan ydych fwyaf agored i niwed) mor ddiogel â phosib.

- Mae llawer o'r gwrthdrawiadau gwaethaf yn digwydd yn y nos. Mae'r cyfnod rhwng hanner nos a 6am yn adeg o risg uchel i yrwyr newydd. Ceisiwch osgoi gyrru ar yr adeg honno oni bai ei fod yn angenrheidiol.

- Os ydych chi'n cario teithwyr, chi sy'n gyfrifol am eu diogelwch. Peidiwch â gadael iddynt dynnu eich sylw na'ch annog i gymryd risg. Dywedwch wrth y teithwyr bod rhaid i chi ganolbwyntio os ydynt am gyrraedd pen y daith yn ddiogel.

- Peidiwch byth â dangos eich hun na cheisio cystadlu gyda gyrwyr eraill, yn enwedig os ydyn nhw'n gyrru'n wael.

- Peidiwch â gyrru os ydych chi wedi yfed alcohol neu wedi cymryd cyffuriau. Mae hyd yn oed meddyginiaethau dros-y-cownter yn gallu effeithio ar eich gallu i yrru'n ddiogel - darllenwch y label i weld a allai effeithio ar eich gyrru.

- Gwnewch yn *siŵr* bod pob un yn y car yn gwisgo gwregys diogelwch drwy'r amser.

- Pwyllwch - mae llawer o wrthdrawiadau difrifol yn digwydd oherwydd bod y gyrrwr yn colli rheolaeth, yn enwedig ar gorneli.

- Nid oes gan y rhan fwyaf o yrwyr newydd brofiad o yrru ceir pwerus neu gyflym. Oni bai eich bod wedi dysgu gyrru mewn cerbyd o'r fath, dylech fagu digon o brofiad o yrru ar eich pen eich hun cyn gyrru car mwy pwerus.

- Mae gyrru heb yswiriant yn drosedd. Gweler Atodiad 3 am wybodaeth ar fathau o warchodaeth yswiriant.

COFIWCH, dan y Ddeddf Gyrwyr Newydd, os ydych chi'n cael chwe phwynt cosb ar eich trwydded cyn pen dwy flynedd o basio eich prawf gyrru cyntaf, yna bydd eich trwydded yn cael ei diddymu. Bydd gofyn i chi basio'r profion theori ac ymarferol eto i gael eich trwydded lawn yn ôl.

Dylech ystyried gael rhagor o hyfforddiant, er enghraifft Pass Plus sy'n eich helpu i leihau'r perygl o fod mewn gwrthdrawiad, ac fe all hefyd arbed arian i chi ar eich yswiriant. Mae tair ffordd i gael mwy o wybodaeth:

- rhyngrwyd - www.gov.uk
- ffôn - 0115 936 6504
- E-bost - passplus@dsa.gsi.gov.uk

Gwybodaeth arall

Trosi metrig

Mae'r trosiadau a roddir yn Rheolau'r Ffordd Fawr wedi'u talgrynnu ond gwelir isod siart trosi mwy manwl.

Milltiroedd	Cilometrau	Milltiroedd	Cilometrau
1.00	1.61	40.00	64.37
5.00	8.05	45.00	72.42
10.00	16.09	50.00	80.47
15.00	24.14	55.00	88.51
20.00	32.19	60.00	96.56
25.00	40.23	65.00	104.60
30.00	48.28	70.00	112.65
35.00	56.33		

Gwefannau defnyddiol

www.gov.uk

www.sja.org.uk   (Ambiwlans St John)

www.firstaid.org.uk   (Cymorth Cyntaf St Andrew's)

www.redcross.org.uk   (Y Groes Goch Brydeinig)

www.trafficscotland.org

www.traffic-wales.com

www.roadsafetygb.org.uk

www.askthe.police.uk

www.trafficpenaltytribunal.gov.uk   (y tu allan i Lundain)

www.parkingandtrafficappeals.gov.uk   (y tu mewn i Lundain)

www.cyclestreets.net

maps.google.co.uk

www.rac.co.uk/route-planner

www.theaa.com/route-planner

www.traveline.info

www.walkit.com

ec.europa.eu/transport/road_safety/going_abroad

Rhagor o ddeunydd darllen

Arfer gorau
Ceir rhagor o wybodaeth am yrru da ac arferion reidio yn llyfrau'r Asiantaeth Safonau Gyrwyr a Cherbydau *The Official DVSA Guide to Driving - the essential skills* a *The Official DVSA Guide to Riding - the essential skills*. Ceir gwybodaeth benodol ar gyfer gyrwyr cerbydau mawr yn *The Official DVSA Guide to Driving Goods Vehicles* a *The Official DVSA Guide to Driving Buses and Coaches*.

Y Cynllun Bathodyn Glas
Mae gwybodaeth am y cynllun hwn ar gael yn www.gov.uk

Cod Ymarfer ar gyfer Cerbydau sy'n Cael eu Tynnu gan Geffylau
Mae'r Cod Ymarfer ar gael o'r Adran Drafnidiaeth : Department for Transport, International Vehicle Standards, Great Minster House, 33 Horseferry Road, London SW1P 4DR. Tel 0300 330 3000. www.gov.uk/government/publications/code-of-practice-for-horse-drawn-vehicles

Mynegai

Cyfeirir yn bennaf a rifau rheolau, heblaw am y rhai hynny mewn ffont italig glas sy'n dynodi rhifau tudalen.

A

B

D

Rh

U

W

Y